17/L   10.—

gt BIBLIOTHÈQUE LAFFONT DES GRANDS THÈMES

l'histoire universelle depuis 1939

l'histoire universelle depuis 1939

robert laffont - grammont

BIBLIOTHÈQUE LAFFONT DES GRANDS THÈMES • LIVRES GT

En cent volumes, la problématique de l'homme d'aujourd'hui

Une production des Editions Grammont, Lausanne; Robert Laffont, Paris et Salvat, Barcelone, réalisée sous la direction de Henri Tissot.

L'HISTOIRE UNIVERSELLE DEPUIS 1939

Personalité invitée: **Jean Lacouture,** licencié ès lettres et en droit, diplômé de l'Ecole libre des sciences politiques.

Sources photographiques: *René Dazy,* Paris, pages 25-39-40. *Edistudio,* Barcelone, pages 22-24-25-26-28-31-36-37-45-55-62-83-118-119. *Europa Press,* Barcelone, pages 36-56-64-86-90-125-130-140. *Flash Press,* Madrid, pages 52-54-84-85-87-89-90-93-94-96-101-110-121-137-139-141-142. *Gamma,* Paris, pages 50-58-59-66-69-70-91-95-98-99-120-122-123-124-127-132-133-134-138 et couverture. *Holmes Lebel,* Paris, pages 83-116-128-129. *Idées et Editions,* Paris, pages 11-20-23-27-28-30-45. *Lolivier,* Paris, pages 8-21-31. *Prensalcor,* Barcelone, pages 93-101-103-104-130. *Rafols-Keystone,* Barcelone, pages 19-33-73-127. *Rapho,* Paris, pages 72-79. *Sipa-Press,* Paris, pages 60-68-102-104. *Sygma,* Paris. pages 2-56-71-82-90-95-100-107-109. *Tallandier,* Paris, pages 23-30-33-34-37-38-41-43-46-53-57-58-63-74-77-106-108-111. *Usis,* Paris, pages 13-88. *Zardoya,* Barcelone, pages 49-83-89-112-134. *Zardoya-Camera Press,* Barcelone, pages 15-81-92. *Zardoya-Magnum,* Barcelone, pages 97-113-115-140.

© 1975 EDITIONS GRAMMONT, S. A., Lausanne
  et SALVAT EDITORES, S. A., Barcelone.

Composition: Imprimeries Réunies, S. A., Lausanne.
Imprimé en Espagne sur les Presses de Gráficas Estella, S. A. 1975

D. L.: NA. 9 - 1975

Dépôt légal: 1er trimestre 1975

ISBN: 2-8270-0002-4

Table des matières

De la crainte à l'espoir

Jean Lacouture

Jean Lacouture est né à Bordeaux, le 9 juin 1921. Ses études (il est licencié ès lettres et en droit, diplômé de l'Ecole libre des sciences politiques) l'ont préparé à une carrière entièrement consacrée au journalisme politique.

Attaché de presse à l'état-major du général Leclerc, en Indochine (1945), puis à la résidence générale de France au Maroc (1947-1949), il devient rédacteur diplomatique à *Combat* (1950-1951), puis au *Monde* (1951-1953). Il est correspondant de *France-Soir* en Egypte (1954-1956) avant de devenir chef du service outre-mer, puis grand reporter au *Monde* (depuis 1957). C'est dire que sa carrière l'a mis quotidiennement au contact des faits politiques de toute l'après-guerre. Il est aujourd'hui directeur de collection aux Editions du Seuil, professeur à l'Institut d'études politiques de Paris et chargé de cours à l'Université de Vincennes.

Ses œuvres: *L'Egypte en mouvement* (en collaboration avec Simonne Lacouture, 1956), *Le Maroc à l'épreuve* (en collaboration avec Simonne Lacouture, 1958), *La Fin d'une guerre (Indochine)* (en collaboration avec Ph. Devillers, 1960), *Cinq hommes et la France* (1961), *Le Poids du Tiers monde* (en collaboration avec J. Baumier, 1962), *De Gaulle, Le Viet-Nam entre deux paix* (1965), *Ho Chi-Minh* (1967), *Israël et les Arabes: le troisième combat* (en collaboration avec Simonne Lacouture, E. Rouleau, J.-F. Held, 1967), *Les Citations du Président de Gaulle* (1968), *Quatre hommes et leurs peuples: sur-pouvoir et sous-développement* (1969), *Nasser* (1971), *André Malraux* (1973), *Un sang d'encre* (1974).

L'après-guerre a été si riche en bouleversements, en révisions déchirantes, en prises de conscience dans tous les domaines, qu'il fallait un homme comme Jean Lacouture, en contact quotidien avec l'événement, pour donner une synthèse de cette évolution prodigieuse à laquelle nous avons assisté sans toujours bien la comprendre.

Quelles ont été les conséquences dans le monde de l'épopée 1939-1945 ?

La première conséquence, c'est une sorte d'effondrement de la puissance européenne en général. A la veille de la guerre, trois puissances dominent l'Europe: l'Allemagne avec son alliée italienne et subsidiairement son alliée espagnole, la France et l'Angleterre. Ce sont de grandes puissances mondiales, surtout la France, et plus encore l'Angleterre. A la fin de la guerre, ces trois puissances sont, soit complètement écrasée, comme l'Allemagne, soit profondément affaiblie et démoralisée, divisée, comme la France, soit très glorieuse et très respectée, mais presque amputée de sa puissance, comme la Grande-Bretagne. Et sur ces décombres de l'Europe émergent deux superpuissances, les Etats-Unis et l'U.R.S.S.

Il y a donc une redistribution complète des valeurs: l'Europe occidentale, naguère maîtresse du monde, semeuse des idées, contrôlant le commerce international, monopolisant la plus grande partie des richesses de la planète, est devenue une sorte de pauvresse. Mais parce qu'ils ont pris conscience qu'ils viennent de se livrer une guerre civile et que, en raison de l'aveuglement de beaucoup de dirigeants européens et de la folie meurtrière de Hitler et de son groupe, l'Europe vient de manquer de se suicider, bon nombre d'Européens découvrent qu'il leur reste peut-être encore à s'unir. Dès le lendemain de la guerre, dans une rencontre comme celle de Dunkerque entre Anglais et Français, très vite après dans le lancement de plans comme celui du pool charbon-acier, il y a les prodromes du regroupement européen.

Quelles ont été les conséquences du Traité de Rome?

Les conséquences du Traité de Rome, c'est l'ouverture de l'ère européenne à proprement parler. L'Europe commence, je pense, bien avant le Traité de Rome, avec les premiers contacts entre Robert Schuman, De Gasperi et Adenauer, autour de 1950. Ces hommes ont vraiment cru à l'Europe et ont commencé sa construction. On serait tenté de dire qu'il y a eu plutôt recul qu'avance, depuis ce moment-là. Mais ces hommes représentaient des puissances très diminuées, ruinées ou petites. Une France ayant repris une partie de sa puissance, une Allemagne redevenue très riche ont évidemment d'autres ambitions nationales que les grands blessés de la guerre qui se retrouvent après 1945. Le grand intérêt du Traité de Rome, c'est qu'il est le premier texte global sur la convergence des intérêts européens. Il a ses faiblesses, ses timidités, mais il sonne quand même comme un manifeste, une préface à la construction juridique et économique de l'Europe, sinon à sa construction politique, qui n'est encore qu'amorcée, et qui subit les contrecoups des caprices d'une diplomatie tiraillée entre le nationalisme gaulliste et le « réalisme » des successeurs du Général.

Quelles ont été, aux Etats-Unis, les conséquences des diverses politiques présidentielles?

L'histoire de la présidence américaine est essentiellement marquée, du moins dans ce siècle, par le « règne » de Roosevelt, qui a transformé le rôle du président des Etats-Unis en une sorte de dictature libérale, de despotisme éclairé, ce qu'on appelle aujourd'hui la « présidence impériale». En raison de la formidable personnalité de Roosevelt, de la crise terrible qui a provoqué son accession au pouvoir, des résultats éclatants qu'il a très vite obtenus, de l'intervention américaine dans la guerre enfin, les responsabilités étaient tellement transformées que Roosevelt a complètement modifié le rapport du pouvoir aux Etats-Unis. Il a concentré sur la Maison-Blanche des décisions que les constitutionnalistes américains auraient été épouvantés de voir réunies entre les mêmes mains.

Après cela, sous le petit personnage à grande initiative qu'était Truman, la présidence est restée très concentrée.

Hitler assistant, de son automobile, au défilé des milices nazies en 1936.

Et puis, il y a eu ce que l'on pourrait appeler l'inter-
règne Eisenhower. Certains Américains disaient: «La présidence des Etats-Unis ne sert à rien, la preuve, c'est
qu'elle est entre les mains d'Eisenhower.» Mais, si Eisenhower, personnage humain et honnête, a été un président
extrêmement faible, il avait un secrétaire d'Etat extraordinairement énergique: John Foster Dulles. On peut juger
mal la politique de Foster Dulles et son passage au pouvoir, et c'est mon cas, mais on ne peut pas nier la puissance de sa personnalité et le fait qu'il ait été une sorte de
président en pointillé, au moins en politique étrangère.

Puis vient un tout autre personnage, un autre type de
direction. Ce sont les «mille jours» de John F. Kennedy,
l'une des périodes les plus intéressantes de l'histoire américaine, parce que, pour la première fois, l'Amérique a été
gouvernée par des intellectuels. Sous Kennedy s'installe à
la Maison-Blanche un petit groupe, le président lui-même,
son frère, des hommes comme MacGeorge Bundy, Walt
Rostow et même en un sens Dean Rusk, qui étaient ou des
professeurs ou des gens qui écrivaient des livres. Ils estimaient qu'ils avaient une mission à la fois morale et
intellectuelle sur l'ensemble du monde. Leur passage au
pouvoir a eu des avantages et des inconvénients. Il a eu le
grand inconvénient de donner trop bonne conscience au
leadership américain et de le lancer dans une croisade
comme celle du Viet-Nam.

Le même groupe, du fait des responsabilités qu'il attri-
buait aux Etats-Unis, a beaucoup contribué à une politique d'armement ruineuse et périlleuse, sous prétexte
d'un retard militaire des Etats-Unis par rapport à

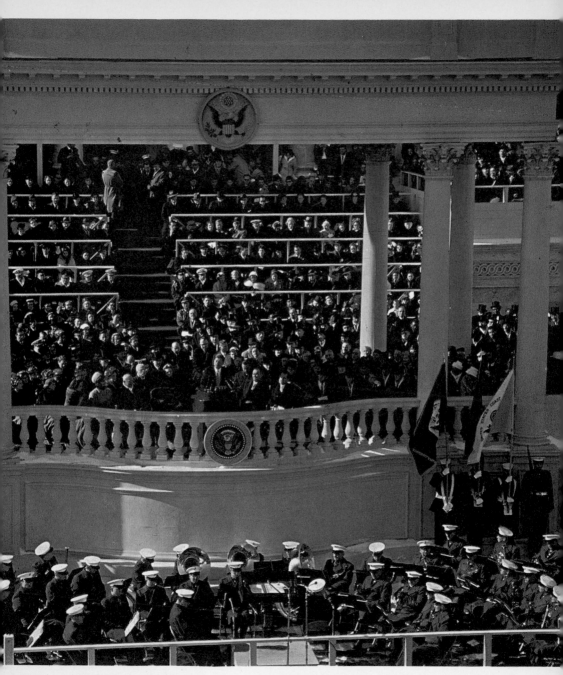

l'U.R.S.S. Cependant, la présidence des Etats-Unis reprend alors un grand prestige en raison de la noblesse de beaucoup des objectifs de Kennedy. L'équipe de la Maison-Blanche, à cette époque-là, a de son rôle à la fois à l'intérieur des Etats-Unis et dans le monde une conception assez haute qui va bien au-delà d'un simple impérialisme et du mercantilisme, de l'impérialisme du dollar. Il y a une sorte de respect pour la vertu qui vient chez les Kennedy de grands ancêtres américains. On peut imaginer qu'un deuxième mandat Kennedy aurait été une grande période dans l'histoire des Etats-Unis.

Ensuite se succèdent les deux présidences symétriques de Johnson et de Nixon. La première, en dépit d'assez grandes capacités du président, de son rôle réellement positif dans la politique intérieure américaine, de son rôle correctif à l'égard des dispositions racistes américaines, de son action en faveur de l'égalité économique, a été assombrie, et on peut dire déshonorée, par le désastre vietnamien. La fin de l'ère Johnson est une assez extraordinaire rupture entre le chef de l'exécutif américain et l'opinion américaine, ce qu'on a appelé le *« credibility gap »*: ce qui vient de la Maison-Blanche n'est plus accepté, n'est même plus cru par l'ensemble des citoyens américains.

Nixon est un personnage très classique de la vie publique américaine: opérateur habile, professionnel de la politique, sans beaucoup d'envergure ni d'idéal. Il a certes l'intelligence de recruter un autre intellectuel, issu d'ailleurs de l'équipe Kennedy, Henry Kissinger.

Le flair politique du président Nixon lui a montré, en effet, que la guerre froide est terminée. Les citoyens amé-

ricains veulent sortir de cette ère de tension permanente. La guerre du Viet-Nam a déshonoré les procédures militaires et les interventions lointaines de type néo-colonialiste. Une reconversion de la stratégie américaine, conduite essentiellement par Kissinger, aboutit à la très spectaculaire détente avec les Chinois et à l'établissement de liens avec les Soviétiques. La présidence des Etats-Unis reprend un certain prestige, le prestige accordé à ceux qui travaillent avec efficacité.

Puis survient l'affaire du Watergate, et on revient très exactement à cette fameuse période du *credibility gap*. De nouveau, les Américains cessent de croire à l'homme qui les dirige. Cette société américaine, fondée par un groupe d'hommes vertueux comme Washington et Jefferson, entretient une perpétuelle nostalgie de la morale. Un homme comme Eisenhower, si peu qu'il fît, était respecté dans sa vie et dans son maniement des affaires publiques parce qu'il respectait lui-même le contrat social. Parce qu'il a rompu ce même contrat social, M. Nixon a provoqué la crise terrible de 1974. On peut considérer que cette crise a des avantages, qu'elle peut rendre au législatif le rôle qu'il avait perdu depuis Roosevelt, car le contrôle de l'exécutif par le législatif est tout de même une des règles fondamentales de la démocratie. Au surplus, le troisième pouvoir, le judiciaire, et le quatrième, la presse, sortent grandis de l'épreuve du Watergate, qui aura été, pour la société américaine, l'orage qui, éclatant, balaie les mauvais nuages. Autant en emporte le vent...

Quels ont été les résultats positifs et négatifs du communisme en U.R.S.S.?

Si nous nous situons à partir de la fin de la guerre, nous pouvons dire que le communisme en Union soviétique, en 1945, c'est le système d'organisation qui a permis à la Russie de remporter la victoire sur l'Allemagne. Vue simpliste, mais qui est bien, me semble-t-il, celle des Soviétiques eux-mêmes.

Si terrible que soit ce régime, les Soviétiques sont inévitablement amenés à comparer l'effondrement de la Russie sous la direction tsariste face à l'Allemagne de 1914 et la résistance de la Russie soviétique face à l'Allemagne de 1941.

La guerre a provoqué une véritable résurrection du patriotisme russe, à travers les films, toute la production littéraire et culturelle en général. C'est l'éloge de la Russie éternelle, de la sainte Volga. Le régime, pour survivre, à dû faire appel au réflexe politique des masses, mais le fait est qu'il y a réussi.

Il va être aussi le régime de la reconstruction et, sur ce plan-là, on peut considérer qu'il a assez largement réussi. Le coût humain de cette victoire et de cette reconstruction est gigantesque.

Cela dit, on voit bien que le communisme soviétique, qui a construit à certains égards le socialisme, qui a édifié l'industrie lourde, qui a collectivisé les terres, à un prix là encore gigantesque, est, dans les années 1945 à 1953, en proie au délire despotique stalinien, à ce qui est bien plus qu'une déviation du socialisme, un véritable rejet. Rarement dans l'histoire, un régime aura été despotique et dictatorial, aussi loin de la participation des citoyens à la direction collective des affaires publiques qui est un objectif fondamental du socialisme.

Au début de 1953, à la veille de la mort de Staline, des histoires comme le Complot des blouses blanches (des médecins généralement juifs arrêtés en masse) sont non seulement la preuve du délire stalinien, mais aussi de la remontée d'un vieux vice de la société russe, que le socialisme avait presque entièrement muselé, c'est le racisme, le racisme antisémite. Au moment où Staline disparaît, la Russie est retombée dans une sorte de nuit.

Nuit qui sera décrite avec courage, trois ans plus tard, lors du XXe Congrès de l'Union soviétique, par Nikita Khrouchtchev.

La période qui suit immédiatement la disparition de Staline s'analyse à la fois par une recherche d'un nouvel équilibre du pouvoir à l'intérieur de l'Union soviétique et par la recherche d'un nouvel équilibre international.

Aucun des successeurs de Staline n'a la taille de lui succéder. Ils doivent donc chercher une forme de direction collégiale. Elle se personnalisera ensuite, sous Khrouchtchev et sous Brejnev, mais en tout cas, il y a lutte pour le pouvoir, épuration relative, et montée au pouvoir d'hommes compétents et intelligents comme Malenkov.

Puis vient l'ère khrouchtchevienne, qui s'analyse essentiellement comme une détente, à l'intérieur et à l'extérieur. Détente avec l'ouverture des camps et la libération massive de 99% des internés et déportés de l'époque stalinienne, la réhabilitation d'un grand nombre d'entre eux et, d'autre part, la recherche systématique et audacieuse de la détente à l'extérieur.

De 1959 à 1964, l'U.R.S.S. vit une période de relative démocratisation, de relative pacification, de détente pour les citoyens soviétiques; de rééquilibrage aussi entre industrie lourde et industrie légère.

A l'intérieur, cette recherche de détente est dans l'ensemble couronnée de succès, en dépit de la très périlleuse période dite des missiles de Cuba qui met le monde, sinon à deux doigts de la guerre atomique, du moins en face d'un grand péril.

De cette tension, Khrouchtchev fut le principal responsable. C'est ainsi, en tout cas que l'ont jugé ses propres collaborateurs puisque son élimination, quelque deux ans plus tard, a été due à l'aventurisme dont il a fait preuve dans cette affaire, presque autant qu'à la désorganisation de l'appareil de production qu'avaient entraînée ses initiatives parfois généreuses mais le plus souvent brouillonnes.

La période qu'incarne Leonide Brejnev se caractérise en politique intérieure par un resserrement du contrôle de l'Etat sur les citoyens, une pression très dure exercée sur les intellectuels et sur toutes les tentatives de critique interne. Dans le monde communiste, on assiste à la tenta-

Séance d'ouverture de la Conférence d'Alger (septembre 1973).

tive de l'Union soviétique de réaffirmer son autorité sur son empire de satellites, en particulier par l'intervention militaire soviétique à Prague. A l'extérieur, c'est la détente internationale, diplomatique, qui s'exprime essentiellement de deux façons: par le refus d'abord d'intervenir clairement contre les Etats-Unis dans des affaires comme l'Indochine et la crise du Proche-Orient, et ensuite par la visite aux Etats-Unis en 1973, qui a ouvert la voie à une véritable coopération.

Il semble bien que, pour Brejnev, il n'est plus possible de refuser aux Soviétiques les biens de consommation dont ils ont été si longtemps privés. Pour ouvrir l'ère de l'automobile individuelle, les dirigeants de Mouscou sont obligés de passer avec les Américains des contrats très considérables, limitant les armements et ouvrant les frontières soviétiques à des importations importantes de produits alimentaires et de certains biens d'équipement.

(Suite de l'entretien en p. 76)

Cinq années de guerre contre un millénaire de paix hitlérienne

«Aucun peuple sur Terre ne possède un seul pouce de son territoire par la grâce d'une volonté divine ou d'un droit divin. Ce sont les hommes qui créent les frontières des Etats, et ce sont encore eux qui les modifient... De même que nos ancêtres n'ont pas reçu comme un don du ciel le sol sur lequel nous vivons, mais l'ont conquis au risque de leur vie, de même, à l'avenir, notre peuple obtiendra-t-il le sol — et, avec lui, la certitude de subsister — non pas à la suite d'un don gracieux, mais uniquement grâce à l'œuvre d'une épée victorieuse.» Cette citation est tirée de *Mein Kampf*.

Dès 1924, Hitler proclamait que l'Allemagne avait le droit de conquérir et d'annexer les territoires voisins. Il espérait incarner cette épée victorieuse qui consoliderait dans le monde la domination chimérique de la race aryenne, à laquelle il promettait mille ans de paix.

Les premières manifestations de l'expansion hitlérienne s'inspirèrent des lois rigoureuses de l'ascendance commune. Il était écrit dans *Mein Kampf* que l'Autriche devrait s'intégrer au Reich: «L'Autriche allemande doit revenir au patrimoine commun de la patrie allemande.» L'annexion eut lieu le 13 mars 1938, quelques heures après que l'armée allemande eut envahi le pays sans rencontrer de résistance. En septembre 1938, pour des mobiles raciaux et linguistiques, l'Europe pensait se trouver

21

*Avance de blindés allemands
au cours de l'invasion
de la Yougoslavie (avril 1941).*

*Ci-contre: Hitler se faisant acclamer
dans les rues de Dantzig (septembre 1939).
En bas: un portrait caractéristique de
Benito Mussolini (1938).*

au bord de la guerre. Hitler réclamait la région des Sudètes à la Tchécoslovaquie. Et, en Europe, personne n'était prêt à mourir pour l'intégrité du territoire assigné au Gouvernement tchécoslovaque. La France et la Grande-Bretagne, ses alliés, avaient fait pression sur le premier ministre Benès pour qu'il accepte de livrer cette contrée. Par ailleurs, Daladier et Chamberlain, dans le dos des Tchèques, signèrent un pacte avec Hitler à Munich, les 29 et 30 septembre —

Mussolini assistant à la réunion en tant que témoin et médiateur — qui transférait à l'Allemagne la région des Sudètes. Hitler venait d'annexer un territoire de 41 000 km² sans avoir à tirer un seul coup de feu. Daladier et Chamberlain étaient convaincus qu'ils avaient sauvé la paix.

Pourtant, les frontières de l'Europe n'étaient pas fixées de manière définitive, comme le croyaient les premiers ministres français et britannique: tous les Tchèques

devaient tomber sous la coupe de Berlin au mois de mars 1939. La Bohême et la Moravie furent converties en protectorats allemands. La Slovaquie sécessionniste, qui avait proclamé son indépendance, fut mise à la disposition du Reich par Mgr Tiso. Au cours du même mois, l'Allemagne exigea de la Pologne l'annexion de Dantzig et de son couloir. Le Gouvernement polonais se sentait assuré de l'amitié des Britanniques et des Français. Sous prétexte de consanguinité, Mussolini à son tour envahissait l'Albanie, en avril. Un mois plus tard, les Allemands et les Italiens scellaient le Pacte d'Acier, par lequel les dictateurs liaient leur destin (22. v. 39). Le 23 août, l'Allemagne de Hitler signait un pacte de non-agression avec l'Union soviétique de Staline. Dans une première étape de la guerre, l'Alle-

magne estimait nécessaire de neutraliser l'U.R.S.S., et celle-ci désirait maintenir l'armée allemande loin de ses frontières. C'est pourquoi ce pacte renfermait des clauses secrètes sur le partage immédiat de la Pologne, à laquelle la Grande-Bretagne et la France ne cessaient de réitérer l'assurance de leur appui. Le 1er septembre, les troupes de la Wehrmacht traversaient la frontière polonaise. La Pologne tombait, isolée. La Grande-Bretagne déclara la guerre le 3; le même jour, la France entra dans le conflit.

Les frontières de l'Allemagne reculaient devant les bottes cloutées de ses soldats. Presque partout les nazis trouvèrent des hommes prêts à céder. La Norvège tomba en juin 1940, après une intervention malheureuse des Britanniques et des Français. Vidkum Quisling, dont le nom servirait par la suite à désigner les gouvernements fantoches, assuma la direction du pays. La Hollande et la Belgique tombèrent en mai. Paris céda le 14 juin et, le 22, la France était plongée dans l'humiliation par la signature de la reddition dans le wagon même où avait été paraphé l'armistice de 1918. Vingt-

A gauche : la destruction du ghetto de Varsovie
par les nazis. Ci-contre : l'ordre de
mobilisation en France (septembre 1939)
et défilé des troupes allemandes dans Paris
(juin 1940).

huit millions de Français, sur quarante-deux, vécurent pendant quatre ans sous l'occupation allemande. Un gouvernement national, avec à sa tête le maréchal Pétain (chef de l'Etat) et Pierre Laval (premier ministre), fut installé à Vichy. Il allait mener une politique de collaboration avec l'Allemagne. A la fin de 1940, toute l'Europe occidentale était aux mains de la Wehrmacht, à l'exception de la Grande-Bretagne, de la Suisse, du Portugal et de l'Espagne — cette dernière maintenant d'excellentes relations avec l'Axe.

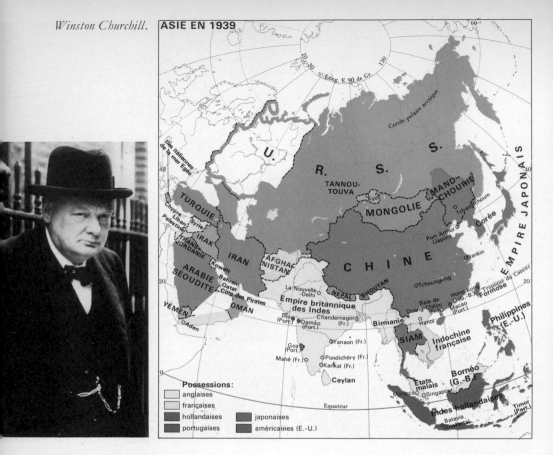

ASIE EN 1939

Possessions:
anglaises
françaises
hollandaises   japonaises
portugaises   américaines (E.-U.)

La morale de ceux qui ne se laissèrent pas démoraliser

Churchill fut nommé premier ministre le 10 mai 1940, le jour même où les troupes allemandes envahissaient la Hollande, la Belgique et la France. Au cours des mois suivants, la Grande-Bretagne fut victime de bombardements intensifs. Le 23 août, les bombes tombaient sur Londres. Le Gouvernement britannique était convaincu que les Allemands allaient tenter d'envahir l'île.

En ces moments marqués par « le sang, la sueur et les larmes », Churchill demanda au peuple britannique de ne pas perdre espoir. Le 15 septembre, la R.A.F. remporta sur la Luftwaffe une victoire décisive qui dissipa les craintes d'un débarquement.

La Grande-Bretagne était devenue la terre d'asile de ceux que nourrissait l'espoir d'une défaite nazie et qui estimaient qu'il valait encore la peine de lutter. Côte à côte, l'on s'entraînait: soldats britanniques et unités spéciales issues de tous les pays d'Europe. Les Français, eux, sous l'impulsion du général de Gaulle, constituaient un

cas à part. De Gaulle, nommé depuis peu sous-secrétaire d'Etat au Ministère de la guerre, était venu à Londres le 17 juin 1940, n'écoutant pas les sommations lancées par Pétain de Bordeaux vingt-quatre heures auparavant («C'est le cœur serré que je vous dis (...) qu'il faut tenter de cesser le combat»). Il arrivait pour reprendre le flambeau. Le jour suivant, il parlait à la B.B.C.: «Moi, général de Gaulle, actuellement à Londres, j'invite les officiers et les soldats français qui se trouvent en territoire britannique (...) les ingénieurs et les ouvriers spécialistes des industries d'armement (...) à se mettre en rapport avec moi. Quoi qu'il arrive, la flamme de la résistance française ne doit pas s'éteindre et ne s'éteindra pas.» Dix jours plus tard, Churchill reconnaissait en de Gaulle le «chef des Français libres».

L'on combattait aussi pour la France libre en métropole. Ceux qui ne purent fuir à Londres mirent sur pied le mouvement de la Résistance, «l'armée de la nuit», à laquelle participèrent tous les groupes politiques, tant libéraux que de gauche. Des noyaux de résistance opéraient dans toute l'Europe occupée. L'histoire de la Yougoslavie moderne commença avec la résistance. Le pays tomba en avril 1941. Deux mouvements d'inspiration opposée se lancèrent, sur un double front, dans la lutte contre l'envahisseur: les *tchethniks* de Mihaïlovitch, fidèles au roi Pierre II, et les parti-

sans de Josip Broz, Tito, d'inspiration communiste. L'Armée révolutionnaire de libération naquit de ces premiers groupes de combattants. Elle allait recevoir l'appui des Alliés, dont la victoire favoriserait l'instauration du communisme en Yougoslavie.

Le 22 juin 1941, les soldats de la Wehrmacht, qui n'avaient pas encore connu la défaite, entreprirent de conquérir l'U.R.S.S. Le mariage de convenance scellé en 1939 fut brisé sur-le-champ. Staline mit deux jours à réagir. Le 3 juillet, il prit la parole à Radio-Moscou, s'adressant au peuple sovié-

*Canons antichars allemands
sur le front russe.
En bas: placard de la Résistance française.*

tique. En six mois les troupes allemandes parvinrent à 25 km de Moscou. Le tiers du territoire soviétique européen était en leur pouvoir, mais elles n'iraient pas plus loin. Staline parvint habilement à inciter ses peuples à une guerre nationale contre l'envahisseur étranger. Il demanda des sacrifices qui lui furent accordés. Vingt millions de victimes, tel fut le bilan soviétique de la guerre. Pourtant Hitler dut céder. L'U.R.S.S. soutint tout le poids du conflit en Europe de juillet 1941 au 6 juin 1944, n'ayant pu obtenir des forces anglo-américaines l'ouverture d'un *second front* qu'elle réclamait depuis longtemps.

Les Etats-Unis en guerre

Le peuple des Etats-Unis ne s'était pas inquiété du sort de la Pologne. Le président

SECONDE GUERRE MONDIALE: EXPANSION ALLEMANDE (1939-42)

Légende:

- Frontières de l'Allemagne en 1937
- Frontières au début de la guerre (1939)
- L'Allemagne hitlérienne
- Territoires sous administration allemande
- Territoires sous occupation allemande
- Italie et territoires annexés
- Pays alliés de l'Axe
- Territoires occupés par l'Axe
- L'U.R.S.S. en novembre 1942
- Alliés
- La France sous le Gouvernement de Vichy
- Pays neutres
- Attaques de l'Allemagne et de ses alliés en 1940
- Attaques de l'Allemagne et de ses alliés en 1941
- Attaques de l'Allemagne et de ses alliés en 1942
- Attaques des Alliés (1940-42)
- Retraites des Alliés (1940-41)
- Ligne de démarcation entre l'U.R.S.S. et l'Allemagne au 29-IX-1939
- Ligne du front oriental à fin 1942
- Ligne du front français au 5-VI-1940

Roosevelt, bien qu'ayant adopté une attitude de neutralité dans le conflit, était parvenu à faire lever l'embargo des U.S.A. qui pesait sur la Grande-Bretagne et la France pour l'acquisition des armes. Toutefois, la condition était que celles-ci fussent transportées par des unités navales appartenant aux pays acheteurs. Sa campagne électorale

de 1940 coïncida avec les bombardements dévastateurs de Londres. Réélu en novembre, Roosevelt fit adopter une loi permettant de prêter ou de louer du matériel de guerre à tout pays en ayant besoin et dont la défense fût vitale pour la sécurité des Etats-Unis — matériel qui allait devenir, selon les propres termes de Roosevelt, «l'arsenal des démocraties». Il existait outre-Atlantique un puissant courant isolationniste que le président sut contrecarrer avec habileté, et qui allait cesser de se manifester à partir du 7 décembre 1941. Ce jour-là, en attaquant la base de Pearl Harbour, le Japon détruisit une grande partie des forces aéronavales des Etats-Unis dans le Pacifique. Vingt-quatre heures plus tard, les Etats-Unis entraient en guerre.

L'expansion japonaise dans le Pacifique, l'océan Indien et la mer de Chine se poursuivit jusqu'en mai 1942 — époque à laquelle les Etats-Unis commencèrent à imposer leur supériorité. Ce pays put adapter son économie aux nécessités du conflit, sachant que la bataille décisive allait se livrer dans les usines d'armement.

Le front russe était paralysé. Le 13 septembre 1942, Joukov exposa sa stratégie à Staline: poursuivre la défensive sur les fronts du nord et préparer une contre-offensive dans la région de Stalingrad — plan qui serait mené à bien dans les premiers mois de 1943. Montgomery parvint à briser les lignes de l'Axe à El-Alamein en novembre 1942, tandis que les Alliés débarquaient en Algérie et au Maroc. A partir du mois de mai 1943, les Alliés envoyèrent sur l'Allemagne des bombardiers décollant de bases britanniques. L'Axe commença à se replier. En juillet 1943, les Américains mirent pour la première fois le pied sur le sol de l'Europe occupée. De la Sicile, ils passèrent au continent, au moment où le Conseil fasciste retirait sa confiance à Mus-

SECONDE GUERRE MONDIALE: CONTRE-OFFENSIVE ALLIÉE (1942-45)

- - - - Frontières en 1942	▬▬ Ligne du front oriental à fin 1942
▨ Allemagne	▬▬ Ligne du front oriental à fin 1943
▨ Territoires sous administration militaire allemande	▬▬ Ligne du front oriental en mai 1944
▨ Territoires administrés par un commissaire du Reich	▬▬ Les fronts à fin 1944
▨ Pays alliés de l'Allemagne	▬▬ Ligne du front oriental en janvier 1945
▨ Territoires sous administration militaire italienne	▬▬ Ligne du front occidental en mars 1945
▨ Occupation militaire italo-allemande	▬▬ Ligne du front oriental en avril 1945
▨ Alliés	→ Attaques alliées contre l'Axe
▨ Pays neutres	→ Recul de l'Axe

solini. L'on commençait à entrevoir la fin de cet empire qui devait durer mille ans. En décembre 1943, le tiers méridional de l'Italie fut libéré. La progression fut lente et dura jusqu'au printemps de 1945.

Du jour «J» à la victoire

Le *second front* fut ouvert le 6 juin 1944 avec le débarquement d'un important corps expéditionnaire allié en Normandie: 156 000

Un camp anglo-américain de prisonniers allemands
et la photographie officielle des «grands»
(Staline, Roosevelt et Churchill) à Yalta.

hommes avec leur armement prenaient position en terre française avant la fin du jour. Eisenhower dirigea l'opération. Le 26 août, vingt-quatre heures après l'entrée des Alliés dans Paris, de Gaulle réalisait son ambition: paraître sur les Champs-Elysées et y être acclamé par la foule. Le 15 août, les Alliés effectuèrent un nouveau débarquement, dans le sud de la France, cette fois. L'Allemagne reculait sur tous les fronts. En décembre, elle tenta dans les Ardennes une contre-offensive qui devait échouer. Le 1er février 1945, les Américains, les Britanniques et les Français atteignirent la ligne Siegfried. Trois jours plus tard, à Yalta, les Alliés commençaient à

sive sur Berlin. Le 20 avril 1944 eut lieu la dernière cérémonie officielle du Reich: le cinquante-sixième anniversaire de Hitler. Dix jours plus tard, le prophète de l'Ordre Nouveau se suicidait. Berlin devait tomber le 2 mai, et le 7, au quartier général d'Eisenhower, à Reims, le général Jodl et l'amiral von Friedeburg signaient la reddition inconditionnelle des troupes allemandes: le cauchemar nazi était terminé. Pour la dernière fois, Churchill dessina de ses doigts le «V» de la victoire aux côtés du roi et en

organiser l'après-guerre. Le 11 avril, après avoir franchi le Rhin, les troupes alliées s'arrêtèrent sur l'Elbe (comme cela avait été prévu à la conférence de Yalta) pour faire leur jonction avec les Soviétiques qui déployèrent alors toute leur capacité offen-

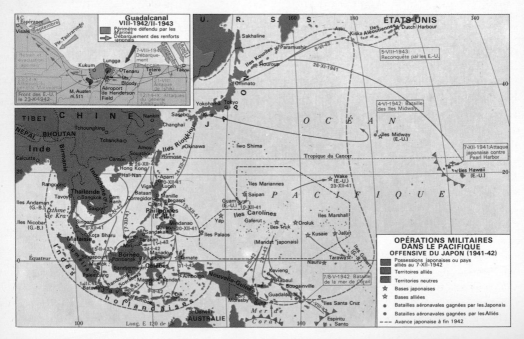

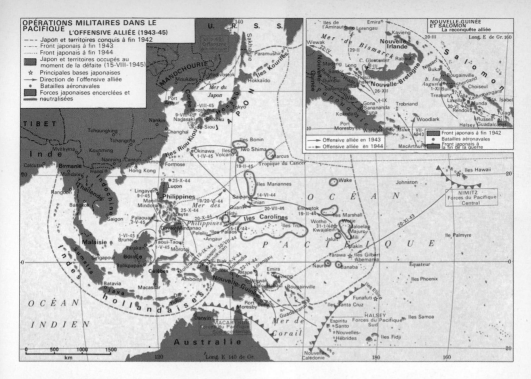

présence de milliers de citoyens britanniques. L'Europe entière fêtait ce grand jour; partout dans les rues l'on chantait, l'on dansait et l'on témoignait de son attachement aux principes de la démocratie retrouvée.

Dans le Pacifique, cependant, la guerre se poursuivait, bien que les conquêtes initiales des Japonais eussent considérablement diminué, les Américains imposant leur suprématie. Ce fut le désir d'en finir au plus vite et d'éviter de nouvelles victimes américaines qui poussa le successeur de Roosevelt, Truman, à faire usage de la bombe atomique. Celle-ci venait de naître du Projet Manhattan, auquel le Gouvernement américain avait consacré des milliards de dollars.

De nombreux savants allemands y avaient collaboré. Ils s'étaient enfuis de leur pays peu après l'arrivée au pouvoir de Hitler, craignant d'être victimes de l'antisémitisme nazi. Une première explosion avait eu lieu le 17 juillet 1945 dans le désert d'Alamogordo, près de la ville atomique de Los Alamos. A la vue de cette expérience, certains scientifiques renièrent leur œuvre et demandèrent que cette arme redoutable ne fût jamais utilisée. Mais il était trop tard. Une nouvelle bombe atomique tomba sur la ville d'Hiroshima le 6 août: son éclatement tua plus de 100 000 personnes, mais ce premier chiffre devait par la suite s'accroître pour atteindre finalement 250 000 victimes. Le 8 août, l'U.R.S.S. entrait en guerre contre le Japon et occupait la Corée, la Mandchourie, l'archipel des Kouriles et l'île

Explosion de la bombe d'Hiroshima.
En bas : le lieu exact de l'explosion.

Sakhaline. Le jour suivant, une seconde bombe tombait sur Nagasaki. Alors, le Japon cessa pratiquement le combat. Sa reddition eut lieu le 2 septembre, à bord du cuirassé *Missouri* qui avait jeté l'ancre dans la baie de Tokyo, en présence du général MacArthur, commandant suprême des forces alliées. La guerre se terminait au prix de 55 millions de morts, 35 millions de blessés et 3 millions de disparus. Les plus lourds tributs furent payés par les Russes (20 millions), les juifs (6 millions) et les Allemands (6 millions).

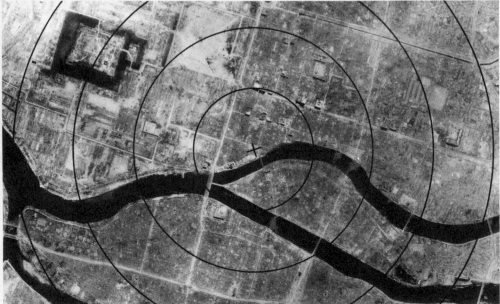

*MacArthur signe, pour les Etats-Unis,
la reddition du Japon. En bas: la
Conférence de Casablanca (Giraud, Roosevelt,
de Gaulle et Churchill).*

L'après-guerre était écrite

La foi en la victoire sur l'Allemagne fit que, dès le début du conflit, les Alliés allaient aborder les problèmes de l'après-guerre dans une série de conférences, auxquelles certaines ambitions nationales n'étaient pas étrangères. Il s'ensuivit tout naturellement un dur marchandage politique.

La première rencontre entre les deux principaux représentants alliés eut lieu à Placentia Bay (Terre-Neuve), en août 1941. Churchill et Roosevelt y souscrivirent à la Charte de l'Atlantique, dont le programme allait être à l'origine des Nations Unies. La première déclaration au nom des Nations Unies fut faite le 1er janvier 1942 à Washington, lorsque les vingt-six pays en guerre contre l'Axe s'engagèrent à ne signer aucun armistice séparé. Churchill et Roosevelt se rencontrèrent de nouveau à Casablanca, en janvier 1943, en présence du général de Gaulle; et pour la première fois, il fut question de *reddition inconditionnelle* de l'Allemagne — au moment où l'on préparait le débarquement allié en Sicile. Le débarquement français et l'usage de l'arme atomique furent décidés par les deux *grands* à Washington en mai 1943. Tous deux se réunirent encore au Québec, en août, où Roosevelt exposa alors ses projets de démembrement de l'Allemagne. En novembre de la même année, se rendant à Téhéran pour tenir leur première conférence avec Staline, Churchill et Roosevelt s'arrêtèrent au Caire. Lors de cette réunion, Chang Kaï-chek revendiqua, entre autres territoires occupés par le Japon, l'île de Formose où il devait par la suite chercher

dans une maison de campagne des environs de Washington, les représentants des quatre puissances alliées élaborèrent la structure de cette organisation. La France était cependant la grande absente: elle obtiendrait pourtant une place parmi les vainqueurs de Yalta, en février 1945, lorsque serait annoncée la fin de la guerre. Ce furent un Roosevelt malade, qui n'avait plus que deux mois à vivre, et un Churchill sur le point de se faire battre aux élections, qui arrivèrent en Crimée. Le premier ministre britannique obtint pour la France une zone d'occupation en Allemagne et un poste à la Commission de contrôle. L'Allemagne serait *désarmée, démilitarisée et démembrée*, et l'on exigerait des réparations de guerre. Staline obtint pour la Pologne la reconnaissance du gouvernement communiste établi à Lublin en attendant qu'avec les exilés de Londres, il puisse être décidé de l'avenir de ce pays. L'on accepta que l'Union soviétique déclare la guerre au Japon, afin qu'elle puisse s'emparer de nouveaux territoires en Asie. C'est aussi à Yalta que le fonctionnement du Conseil de Sécurité fut établi; et la France en devint membre permanent aux côtés de la Grande-Bretagne, de la Chine, des Etats-Unis et de l'Union soviétique. Cependant, à l'euphorie de Yalta, en février, avait succédé une atmosphère de méfiance et, en juillet, après la capitulation de l'Allemagne, à Potsdam, les divergences

refuge. A Téhéran, les Alliés s'occupèrent de l'avenir de l'Allemagne — problème qui devait être mis à l'ordre du jour d'une nouvelle rencontre entre Roosevelt et Churchill en septembre 1944, au Québec. Ils adoptèrent le principe du plan Morgenthau proposé par le président des Etats-Unis, qui consistait à détruire toute l'industrie allemande et à faire des Allemands un peuple de bergers et de paysans se trouvant dans l'impossibilité de se réarmer. Ils devaient abandonner ce projet lorsque apparurent des divergences avec Staline. Pendant ce temps, l'idée d'instituer l'O.N.U. faisait son chemin. Dans la déclaration de Moscou du 30 octobre 1943, la Grande-Bretagne, la Chine, les Etats-Unis et l'Union soviétique convinrent qu'il était «nécessaire de mettre sur pied le plus rapidement possible une organisation internationale fondée sur le principe de l'égalité et de la souveraineté de toutes les nations désirant la paix». Entre août et octobre 1944, à Dumbarton Oaks, de vues entre Alliés occidentaux, aussi bien qu'entre ceux-ci et Staline, étaient notables. Truman occupait la place laissée vacante par la mort de Roosevelt. La Grande-Bretagne fut représentée à cette conférence (du 17 juillet au 2 août 1945) d'abord par Churchill puis par Attlee, à la suite de la victoire des Travaillistes aux élections de juillet. L'on ne parvint à aucun accord sur la nouvelle ordonnance européenne, ni même sur le destin de l'Allemagne, qui continua à rester sous la domination des quatre armées victorieuses. Les oppositions s'avéraient trop profondes. Lorsque, à Potsdam, Truman eut connaissance de l'explosion de la bombe atomique d'Alamogordo, certains de ses conseillers lui suggérèrent d'utiliser la menace nucléaire pour obliger Staline à tenir ses engagements concernant l'autodétermination de l'Europe orientale. C'est à Potsdam que le monde commença à se diviser en deux blocs. Les menaces devinrent les arguments familiers de la diplomatie et la terreur allait s'installer pour de longues années, malgré les excellentes intentions des cinquante pays qui signèrent la Charte des Nations Unies à San Francisco (le 26 juin 1945), accord qui se concrétisa le 24 septembre par la création de l'Organisation des Nations Unies. Dorénavant, la vie, comme l'avait dit Oppenheimer après la première explosion atomique, «ne serait plus pareille».

L'Europe à la recherche de son identité multinationale

L'Europe qui fêtait dans la rue la victoire des Alliés était un immense champ de ruines. Les acclamations furent d'autant plus fortes qu'il fallait oublier les privations

imposées par une économie ruinée. En Grande-Bretagne, les Travaillistes édictèrent de dures mesures d'austérité et, dans toute l'Europe (y compris celle des vaincus) le *marché noir* devint une pratique courante. Le paquet de cigarettes américaines était l'une des valeurs d'échange les plus appréciées — véritable symbole de la situation. Les soldats les recevaient de leurs fourriers et accordaient toutes sortes de faveurs (toujours dans l'esprit de fraternité conseillé par les psychologues de l'armée). Personne ne fumait ces précieuses cigarettes; elles avaient acquis valeur d'échange. Les champs n'étaient pas cultivés et de nombreuses industries avaient été détruites.

La vie politique prit une nouvelle dimension et les hommes recommencèrent à penser par eux-mêmes. En France, un gouvernement provisoire présidé par de Gaulle, émanant de la Résistance et de la France Libre, administrait le pays et préparait l'avenir. Les collaborateurs furent jugés: Pétain et Laval furent condamnés à mort, mais la peine du premier fut commuée en résidence surveillée à l'île d'Yeu.

Les communistes, avec leurs alliés socialistes, obtinrent la majorité des voix aux élections de l'Assemblée nationale constituante. Ils disposaient de cinq portefeuilles au gouvernement dont Thorez assumait la vice-présidence. Mais le jeu des partis politiques ne convenait pas à de Gaulle. Son personnage n'incarnant plus l'unité nationale, il présenta sa démission en février 1946. Ainsi le Général était-il en train de rédiger ses Mémoires de guerre lorsque fut approuvée la Constitution de la IVᵉ République. Vincent Auriol, socialiste, en fut le premier président. Les communistes restèrent au gouvernement jusqu'en 1947 et, avec les voix des socialistes, ils parvinrent à nationaliser la Banque de France, les assurances, ainsi que les mines de charbon et l'électricité.

En Italie, Alcide De Gasperi, démocrate-chrétien, occupa la présidence du gouvernement provisoire. Il soufflait un vent républicain et le roi Victor-Emmanuel III abdiqua (le 9 mai 1946) en faveur de son fils Umberto II. Celui-ci ne régna qu'un mois car le 2 juin, par référendum, l'Italie choisissait la République (12 millions de voix contre 10). Enrico Nicola en assura provisoirement la présidence tandis que De Gasperi prenait la tête du premier gouvernement républicain, formé par des démocrates-chrétiens, des socialistes et des com-

munistes. Le 22 septembre 1947, la Constitution fut approuvée.

La monarchie belge parvint à traverser cette difficile épreuve historique. Léopold III, qui avait signé l'armistice avec les Allemands, revint dans une atmosphère de grève générale. Il allait sauver l'institution monarchique en abdiquant. Son frère Charles assuma la régence jusqu'à ce que le jeune Baudoin, son fils, monte sur le trône en 1950.

En Allemagne, la Commission de contrôle interalliée opéra la liquidation des nazis, comme il en avait été décidé à Potsdam. Dans les secteurs occupés par les puissances occidentales, six millions d'Allemands furent rapidement jugés sur leurs activités passées. C'est à Nuremberg que s'ouvrit le procès des criminels de guerre. Trois des principaux chefs, Himmler, Goebbels et Bormann, n'y comparurent pas: les deux premiers se suicidèrent, et l'on sait, depuis 1972, que le troisième s'est aussi donné la mort, le 2 mai 1945. Ce procès dura 218 jours (du 20 octobre 1945 au 30 septembre 1946). Vingt et un accusés passèrent en jugement et le tribunal prononça trois acquittements, trois condamnations à la réclusion à perpétuité (dont celle de Rudolf Hess), deux condamnations à vingt ans de prison, une à quinze ans, une à dix ans et onze peines de mort. Parmi celles-ci, il faut relever le cas de Goering

qui ne mourut pas sur le gibet, ayant réussi à se suicider avec une capsule de cyanure.

Toute la flotte marchande allemande fut saisie, ainsi que les capitaux investis à l'étranger et les brevets industriels. La moitié des industries existant avant la guerre furent démantelées. Dans la zone occupée

par les Soviétiques, les installations de 213 entreprises furent transférées en U.R.S.S. Avec acharnement, les Allemands se mirent à reconstruire leur pays. En 1945, sous l'occupation alliée, ils pouvaient déjà militer au sein de formations politiques, à l'exception des organisations nazies, que tous maintenant reniaient. Les partis communiste, socialiste, chrétien-démocrate et libéral furent autorisés. Dans la zone soviétique, le parti socialiste unifié réunit communistes et anciens socialistes. Les tensions nées de la guerre froide favorisèrent la fusion des zones occidentales.

Des dollars et des armes pour la civilisation occidentale

En Grèce, la Seconde Guerre mondiale fut à l'origine de la guerre civile qui s'ensuivit. Des patriotes prirent le maquis dans les montagnes, au moment où triomphait la Wehrmacht, et s'organisèrent en vue de chasser les Allemands. Ils pensaient également à une transformation des structures politiques et sociales de leur pays. Aussi, lorsque les soldats britanniques expulsèrent de Grèce le dernier Allemand, les communistes et les républicains grecs ne considérèrent pas la guerre comme terminée. Alors que le Gouvernement d'Unité nationale de Papandréou ordonnait la démobilisation des corps de francs-tireurs, afin de les incorporer dans la nouvelle armée nationale, des troubles éclatèrent. Staline s'étant mis d'accord avec Churchill pour que la Grèce demeurât dans la zone d'influence britannique, les communistes en lutte ne purent pas compter sur l'aide de l'U.R.S.S. Tout au plus Tito allait-il encourager ce combat sanglant, jusqu'à ce qu'il décide, en 1949, de fermer la frontière. Les communistes grecs, qui contrôlaient de larges zones au nord du pays, se retrouvèrent isolés.

Le roi Georges II fut rappelé en 1946. Au début de 1947, le Gouvernement britannique, qui devait faire face à une profonde crise économique, avertit Truman qu'il allait retirer de Grèce 40 000 soldats avant le mois de mars. Dans tout l'Est européen libéré par les Soviétiques, les gouvernements communistes consolidaient leurs positions. Pour faire face à cette emprise, les Etats adoptèrent la doctrine interventionniste qu'ils allaient appliquer pendant le quart de siècle à venir. Le 11 mars 1947, Truman déclarait devant le Congrès: «La politique des Etats-Unis doit être de prêter son appui aux peuples libres qui résistent aux minorités armées ou aux pressions extérieures qui tentent de les subjuguer.» Le Congrès votait une aide de 230 millions de dollars à la Grèce; et les premiers *conseillers* américains s'installaient à Athènes.

La même année, les Britanniques et les Américains décidaient d'établir en Allemagne une union économique groupant leurs zones d'occupation — initiative qui n'allait pas tarder à s'étendre aux zones françaises. Toute la politique occidentale tendait à maintenir l'U.R.S.S. sur ses positions. Au cours de la *guerre froide*, les services de propagande, allaient justifier cette doctrine par de fréquents appels à la *défense de la civilisation occidentale*. Le 5 juin 1947, le secrétaire d'Etat du gouvernement Truman, le général George C. Marshall, fit valoir, au cours d'une conférence à Harvard, la nécessité de mettre sur pied un programme de reconstruction de l'Europe, financé par les Etats-Unis. L'U.R.S.S., par la voix de

Le Plan Marshall arrive en Europe
tandis que la guerre se poursuit en Grèce.
Un groupe de partisans photographiés
aux côtés d'un pope (1949).

Molotov, renonça à en bénéficier et Staline s'arrangea pour que la Tchécoslovaquie et la Pologne, qui avaient déjà donné leur adhésion au plan Marshall, reconsidèrent leur position. Par l'intermédiaire de l'Organisation européenne de coopération économique, créée pour répartir les fonds du programme, 13 182 millions de dollars arrivèrent en Europe entre 1948 et 1952. Ils furent répartis de la manière suivante: 3421 pour la Grande-Bretagne, 2753 pour la France, 1511 pour l'Italie, 1389 pour l'Allemagne; et le reste pour d'autres pays, dont

Parade militaire à l'aéroport de Berlin,
peu après la mise en place du «pont aérien» qui assura
pendant un an le ravitaillement des secteurs
occidentaux de l'ancienne capitale allemande.

la Yougoslavie — qui venait d'entrer en conflit avec l'U.R.S.S. L'inclusion de l'Allemagne, décidée dans le dos de l'U.R.S.S., irrita Staline. En outre, les trois puissances occidentales avaient établi une nouvelle parité de la monnaie allemande, si bien qu'à travers les zones occidentales de Berlin, des milliers d'anciens marks sans aucune valeur pénétraient en zone soviétique. Les Russes ripostèrent en fermant les voies de communication terrestres et fluviales donnant accès à l'ancienne capitale du Reich (1. IV. 1948). Pendant un an, la population de Berlin-Ouest dut être ravitaillée par voie aérienne grâce à la gigantesque opération du *pont aérien*.

La consolidation des blocs

La peur fut la constante de ces années d'après-guerre. Aux Etats-Unis, l'anticommunisme revêtit le caractère d'une croisade. Le 17 mars 1948, à Bruxelles, les pays du Benelux, la Grande-Bretagne et la France constituèrent, dans un but défensif, l'Union européenne occidentale, qui devait être capable de répliquer à n'importe quelle attaque extérieure. Les Etats-Unis encouragèrent la création d'une alliance militaire défensive dont ils voulaient faire partie. Au cours du blocus de Berlin, en plein climat de terreur et de guerre froide, l'Organisation du traité de l'Atlantique Nord, c'est-à-dire l'O.T.A.N., vit le jour à Washington, le 4 avril 1949. C'est autour d'elle que devait évoluer toute la politique future. Les pays du Pacte de Bruxelles, plus le Portugal, le Canada et, bien entendu, les Etats-Unis, signèrent le traité. Son objectif était «la défense collective des libertés démocratiques au moyen d'une étroite collaboration politique et économique». Il était conclu pour vingt ans et son article 5 déclarait que «toute attaque contre un ou plusieurs pays d'Europe ou d'Amérique du Nord serait considérée comme une attaque contre tous ces pays». La Grèce et la Turquie adhérèrent au traité en 1952; trois ans après, la République fédérale d'Allemagne, dont les Alliés décidèrent le réarmement (sans consulter les Soviétiques, qui s'en irritèrent), incorpora ses forces armées à l'O.T.A.N. La signature du Pacte de l'Atlantique cristallisait la guerre froide. Le monde demeura divisé en deux blocs. Alors commença une longue période d'obstruction systématique et de conférences ratées. Berlin et l'Allemagne fédérale constituaient un foyer de tensions permanentes. On croyait l'équilibre de la terreur nécessaire à la sauvegarde de la paix. Les Etats-Unis prirent de l'avance dans la course aux armements, mais l'U.R.S.S. posséda la bombe atomique en 1949, et fit exploser une bombe à hydrogène en 1955.

Comme en 1945, le printemps nous a offert cette année une grande chance. En effet, nous avons une fois de plus l'avantage d'avoir entre les mains notre problème commun, qui porte le nom d'élaboration du socialisme, et de le modeler à l'image de notre ancienne réputation d'honorabilité.

(Manifeste des 2000 mots. Prague, printemps 1968.)

> *Depuis douze ans, la France, aux prises avec des problèmes trop rudes pour le régime des partis, est engagée dans ce processus désastreux. Naguère, le pays, dans ses profondeurs, m'a fait confiance pour le conduire tout entier jusqu'à son salut. Aujourd'hui, devant les épreuves qui montent de nouveau vers lui, qu'il sache que je me tiens prêt à assumer les pouvoirs de la République.*
>
> DE GAULLE
> (15 mai 1958. Déclaration faite au moment de la crise ouverte par la guerre d'Algérie.)

En juillet 1948, l'ancien maire de Cologne, Konrad Adenauer, alors président du parti chrétien-démocrate, fut élu à la présidence du Conseil des *Länder* occidentaux — circonscriptions établies par les Alliés comme premières entités jouissant d'une administration autonome. Depuis un mois, les Allemands payaient leurs dettes en marks. Les trois puissances, réunies à Londres, convinrent d'élaborer une Constitution pour le secteur occidental, qui serait promulguée à Bonn, la nouvelle capitale, en mai 1949. Le bloc oriental protesta tout en s'empressant de convertir la zone occupée par les Soviétiques en République démocratique allemande. La division de l'Allemagne en deux Etats distincts était consacrée. Le chancelier fédéral, Adenauer, ferait de la réunification (interprétée comme une revanche sur l'Est) son principal cheval de bataille. Les restrictions industrielles restèrent sans effet et, en 1952, les Occiden-taux mirent fin au Statut d'occupation. L'Allemagne se préparait à accomplir un grand bond économique; et c'est une nation en passe de devenir puissante et réarmée qui s'intégra à l'O.T.A.N. A l'époque, l'on considérait encore qu'un affrontement armé entre les deux blocs était inévitable. Nombre d'années s'écouleront avant que les Européens ne soient convaincus de l'aspect négatif de cette politique des blocs, nuisible, en outre, à leurs propres intérêts. Il faudra pour cela qu'un homme, ulcéré par son absence à Yalta et à Potsdam s'élève contre les blocs et s'insurge contre les tendances à l'hégémonie manifestées par les Etats-Unis à l'égard de l'Europe. Le 12 mars 1966, de Gaulle annonçait le retrait de la France de l'O.T.A.N. en Europe. L'O.T.A.N. ne sera pas seulement utilisée pour contenir d'éventuelles agressions extérieures. Ses dispositifs serviront en Grèce pour la convocation de l'extrême droite de

l'armée, dans la nuit du 21 avril 1967, et l'installation d'une dictature dont le point culminant est l'exil du roi Constantin; la République ne fut proclamée qu'en juillet 1973. A la suite des nouveaux affrontements militaires gréco-turcs à Chypre, le régime des colonels s'est effondré (juillet 1974). Caramanlis a pris la tête du gouvernement qui organisera les élections du 17 novembre 1974.

Du Benelux au Traité de Rome

Les paradoxes de la guerre firent que la première tentative d'intégration économique de plusieurs pays d'Europe fut signée à Londres. En 1944, les gouvernements belge, hollandais et luxembourgeois en exil y signèrent une convention prévoyant la disparition de toute barrière douanière après la Libération. Le Benelux, qui résulta de cette convention en 1948, constitua donc la première tentative européenne d'intégration supranationale qui, en 1958, allait s'étendre à une union économique de ces trois pays. Churchill fit alors des déclarations allant dans le sens de l'unification de l'Europe. Cependant, les Britanniques n'étaient pas prêts à céder la moindre part de leur inviolable souveraineté en faveur d'institutions supranationales. Aussi furent-ils absents de la Communauté européenne du charbon et de l'acier. Cette organisation qui comprenait la France, l'Italie, l'Allemagne et les pays du Benelux fut constituée à Paris le 18 avril 1951. Ses principaux inspirateurs furent R. Schuman, De Gasperi et Adenauer. Le gouvernement travailliste de Londres ne pouvait concevoir que son pays fût subordonné à des intérêts internationaux alors qu'il venait de nationaliser l'industrie du fer, du charbon et de l'acier. Par contre, les Conservateurs, qui ne dissimulaient pas leur

L'accroissement de la prospérité que la Communauté économique européenne a apporté à ses membres n'a pas permis jusqu'à maintenant de faire disparaître les tensions sociales.

intention de dénationaliser, s'y montraient favorables. Cependant ce furent eux, par la voix du champion de l'Europe qu'était Churchill (réélu premier ministre), qui, en 1955, déclinèrent l'invitation à participer aux conversations de Messine pour la mise en place de la Communauté économique européenne. Seuls les six pays de la C.E.C.A. signèrent à Rome, en 1957, le traité communautaire et celui de l'Euratom — organisation destinée à développer conjointement l'utilisation pacifique de l'énergie atomique. Ces deux organisations commencèrent à fonctionner le 1er janvier 1958. En réponse à celles-ci, la Grande-Bretagne mettait sur pied l'Association européenne de libre-échange (A.E.L.E.), sur la base d'accords plus larges que ceux de la C.E.E., et dans laquelle elle allait jouer, pour des raisons de marché, un rôle dominant. La C.E.E. avait pour objectif de donner à l'Europe des moyens économiques et politiques s'harmonisant avec son histoire et ses ressources; l'élévation du niveau de vie et l'accélération du progrès technique, l'abolition des barrières commerciales, considérées comme anachroniques, et l'établissement d'institutions pouvant, par la suite, déboucher sur les Etats-Unis d'Europe: tel était le vieux rêve des grands apôtres de la nouvelle religion européenne, comme Jean Monnet. A cette fin, il fallait tendre vers une harmonisation des poli-

tiques économique et monétaire, faciliter la coopération technologique, mettre en place des barèmes communs d'imposition, mener en commun la politique agricole et celle des transports, ainsi que les négociations avec les pays non membres de la Communauté. La transformation mettra longtemps à s'opérer: un délai de transition de douze ans fut fixé, au cours duquel le commerce intercommunautaire allait être multiplié par quatre, tandis que celui avec les autres pays ne faisait que doubler. Malgré les doutes et d'inévitables tensions, les étapes prévues seront franchies: parfois avec un peu de retard, mais parfois aussi plus tôt qu'espéré, et les résultats seront spectaculaires. Le 1er juillet 1968, l'union douanière entre les *six* était acquise — deux ans avant la date limite. La Grande-Bretagne comprit enfin qu'elle s'isolait en restant hors de la Communauté. Le 9 août 1961 elle sollicita l'ouverture de négociations (conjointement avec l'Irlande et le Danemark) pour fixer le prix de son adhésion. De Gaulle opposa son premier veto à la demande anglaise (14.1.1963): «Il est possible qu'un jour l'Angleterre vienne à se transformer elle-même suffisamment pour faire partie de la Communauté.» Pour le Général, la participation britannique impliquait un Marché commun manipulé par l'Amérique. Une demande d'adhésion, ferme cette fois, sera présentée en mai 1967. De Gaulle fut formel dans son

intervention : l'économie britannique, telle qu'elle est actuellement, est incompatible avec le Marché commun (27.XI.1967). Le lion britannique, blessé par la décolonisation et par la crise économique, ne rugit plus ; il entonne, au contraire, le credo européen. Cependant, il lui faudra attendre que le président français, victime à retardement d'un mai 68 anarchisant et turbulent, tombe dans le piège qu'il avait lui-même tendu en transformant un référendum administratif en un plébiscite qu'il devait perdre (27.IV.1969). De Gaulle, retiré à Colombey, consacrait sa retraite à la rédaction de ses Mémoires. Il se trouvait à moins d'un an de la mort (9.XI.1970) lorsque le second président de la Ve République, Georges Pompidou, levait implicitement le veto pesant sur le Royaume-Uni en approuvant l'élargissement de la Communauté. L'admission des futurs pays membres fut signée le 22 janvier 1972 ; et, bien que les gouvernements de Grande-Bretagne, du Danemark, de l'Irlande et de la Norvège eussent fait profession de foi européenne, pénitence leur sera imposée pour leur péché isolationniste : la volonté d'adhésion devait être ratifiée par un vote majoritaire. Seul le Parlement norvégien, après un référendum défavorable, vota contre le projet. Neuf pays entrèrent dans la petite Europe qui démarra le 1er janvier 1973 : cinq monarchies et quatre républiques constituant une troisième superpuissance qui

*Avec l'adhésion de la Grande-Bretagne,
de l'Irlande et du Danemark, la « petite
Europe » arrive à un total de neuf membres.
La Norvège a rejeté la proposition d'adhésion
de son gouvernement.*

possède plus d'habitants et d'automobiles
que les Etats-Unis ou l'U.R.S.S. et qui est
sur le point d'élargir ses relations commerciales avec le monde entier. Cette communauté est considérée avec sérieux par le bloc
socialiste et les Américains. Ce n'est pas une
Europe politique, quand bien même elle
posséderait des desseins politiques (par

exemple les dictatures sont constitution-
nellement exclues), ni l'Europe «de l'Atlantique à l'Oural» qu'aimait évoquer le général de Gaulle. Mais c'est déjà une puissance
avec laquelle l'Est et l'Ouest doivent compter, et qui a des objectifs politiques visant à
une intégration progressive, qu'il n'est déjà
plus possible de remettre en cause.

*De Gaulle, au cours de sa visite en Allemagne
en septembre 1962, entame le processus de
réconciliation, réglant le problème de
la vieille rivalité franco-allemande.
Derrière lui, le chancelier Konrad Adenauer.*

De l'anathème au dialogue

Le 22 janvier 1963, le général de Gaulle
et Adenauer scellaient la nouvelle amitié
franco-allemande. Les deux vieilles nations
ennemies se réconciliaient et un axe Paris-
Bonn se dessinait en Europe. Depuis la
crise cubaine, un vent de détente et de dégel
soufflait de l'Est. En juillet 1963,
l'U.R.S.S., les Etats-Unis et la Grande-Bretagne signaient à Moscou un traité sur la
limitation des expériences nucléaires. La
majorité des pays devait par la suite y adhérer, à l'exception de la France qui espérait
rapidement mettre sur pied sa propre force
nucléaire, sa force de frappe, avec laquelle
de Gaulle pensait pouvoir dissuader tout
agresseur en puissance. La France, qui
n'aurait pas la bombe avant 1968, s'opposait à une coexistence basée sur la suprématie
tie des grands — et ceux-ci n'allaient pas
tarder à sacrifier les intérêts des pays tiers.
Cette même année 1963, Adenauer abandonna la charge de chancelier, n'ayant pu
réaliser son ambition de toujours: la réunification de l'Allemagne. Pendant vingt ans,
toutes les conférences sur Berlin avaient
échoué. Les dernières propositions, émanant de l'U.R.S.S., envisageaient la reconnaissance de trois Etats: deux Allemagnes
et Berlin, comme entité propre (1958). A
cela les Occidentaux répliquèrent par la
vieille idée d'un Etat allemand unique qui

serait institué après des élections libres.
Depuis août 1961, l'ancienne capitale du
Reich était divisée par un mur qui, s'il était
considéré comme une honte par les Occidentaux, était pour l'Allemagne démocratique la seule façon de préserver son économie. La *doctrine Hallstein* n'était rien d'autre
que la loi du talion appliquée à la diplomatie: Bonn romprait toute relation avec les

pays qui en établiraient avec la République démocratique allemande. En juin 1963, au pied du mur de Berlin, le président Kennedy déclara: «Je suis un Berlinois», et confirma la ferme volonté des Etats-Unis de continuer à défendre Berlin-Ouest.

Cependant, le problème allemand ne fut pas résolu par les Alliés occidentaux. Ce serait l'œuvre des Allemands eux-mêmes qui en vinrent à apprécier davantage la souplesse de la Social-démocratie que l'intransigeance des Chrétiens-démocrates. A partir de 1966, Willy Brandt étant vice-chancelier et ministre des Affaires étrangères, la *doctrine Hallstein* fut abandonnée: l'Allemagne renoua ses relations diplomatiques avec la Roumanie (1967) et avec la Yougoslavie (1968). Peu de temps après avoir été nommé chancelier (28.X.1969), Willy Brandt parla pour la première fois, devant le Bundestag, de l'existence de *deux Etats*

allemands. A partir de là, les choses allaient s'accélérer. Moins d'un an après il signa avec Kossyguine le traité germano-soviétique (12.VIII.1970), dans lequel toutes les frontières issues de la Seconde Guerre mondiale sont considérées comme inviolables. Quelques mois plus tard, après s'être agenouillé devant le monument érigé aux victimes du ghetto de Varsovie, Brandt signera le traité germano-polonais qui reconnaît la

*La signature du traité d'amitié germano-polonais.
En bas : la politique de détente se précise :
Brejnev et Brandt réunis
en Allemagne fédérale.*

Le 11 décembre, les accords inter-alle-
mands et inter-berlinois étaient ratifiés. La
situation d'enclave fédérale de Berlin-Ouest
s'en trouvait consolidée et les deux Allemagnes seraient représentées à l'O.N.U.
L'on avait cessé de voir en Berlin un *bastion
avancé de l'Occident*. C'est dans le cadre de
cette politique de détente et de coopération
qu'eut lieu le voyage de Brejnev à Bonn en
mai 1973, au cours duquel d'importants
accords économiques furent passés. Toujours dans la perspective d'en finir avec la
guerre froide, la conclusion d'un accord
avec Prague était annoncée afin que soit
déclaré nul le Pacte de Munich de 1938. Les
Allemands admettaient les erreurs passées.
Leur économie ayant atteint un niveau sans
précédent, ils ne désiraient nullement
s'exposer à des aventures illusoires.

ligne Oder-Neisse comme frontière légitime
de la Pologne d'après guerre.

Renonçant à la réunification de l'Allemagne et à la revendication de ses anciennes
possessions orientales en Prusse et en Silé-
sie, l'Allemagne fédérale, aux yeux de l'Est,
cessait d'être revancharde.

Brandt marquait les débuts d'une politique réaliste grâce à laquelle il put commencer à s'entendre avec la République
démocratique voisine — où le vieil
Ulbricht, avec son intransigeance, finissait
par devenir encombrant. Pankow n'avait
pas besoin d'un dirigeant de cette trempe à
l'heure de l'entente et de la détente. En mai
1971, le premier secrétaire du Parti socialiste unifié sera démis de ses fonctions.

Le 3 septembre 1971, après trente-trois
séances, les ambassadeurs occidentaux en
poste à Bonn, ainsi que celui d'U.R.S.S. à
Pankow, signèrent une convention mettant
fin aux difficultés d'accès à Berlin.

*Manifestation à Prague, en août 1968,
contre la domination soviétique après l'invasion
des troupes du Pacte de Varsovie.
L'évolution du « printemps de Prague »,
entamé par Dubcek,
sera définitivement interrompue.*

C'est dans le cadre de cette détente qu'une conférence européenne de sécurité a fait ses premiers pas à Helsinki. Trente-trois pays européens y participent, plus les Etats-Unis et le Canada qui ont encore des engagements envers l'Europe dans le cadre du Pacte de l'Atlantique.

En 1973, l'O.T.A.N. et le Pacte de Varsovie, dont on pensait qu'ils finiraient inévitablement par s'affronter, purent même engager les premiers contacts en vue de réduire leurs effectifs stationnés au centre de l'Europe.

Orthodoxes, hérétiques et frères séparés

Dans deux pays, l'intervention des troupes soviétiques n'avait pas été nécessaire à l'institution de démocraties populaires: la Yougoslavie et l'Albanie, où les nouveaux régimes allaient être inspirés par leurs dirigeants issus des maquis, respectivement Tito et Enver Hodja. La Yougoslavie se déclarait République socialiste et fédérale le 29 novembre 1945, et l'Albanie

se constituait en République populaire en janvier 1946. Il était inévitable que, dans les autres pays du bloc socialiste européen, les communistes, au cours d'une première étape, fassent partie de gouvernements de coalition avec des groupes qui ne s'étaient pas compromis du temps de l'Occupation. Par la suite, lorsqu'ils eurent en main tous les postes clés, les communistes allaient évincer les éléments des autres formations politiques. A cet égard, le cas de la Tchécoslovaquie est pour le moins paradoxal. Ce fut le premier pays libéré par l'U.R.S.S.; les troupes soviétiques se retirèrent en

décembre 1945. En mai 1946, à la suite d'élections totalement libres, les communistes obtenaient 38% des voix. Le président Benès, qui était réfugié à Londres depuis la signature du Pacte de Munich, chargea le communiste Klement Gottwald de former un gouvernement de coalition. L'influence des communistes fut décisive, étant donné qu'ils détenaient les neuf portefeuilles les plus importants sur un total de vingt-six. En 1947, sous la pression de l'U.R.S.S., la Tchécoslovaquie se retirait du plan Marshall.

En février 1948, les· ministres libéraux inquiets de l'incorporation dans la police de nombreux militants communistes et de l'accumulation présumée d'armes dans les locaux du Parti annoncent leur intention de se retirer du gouvernement afin de le contraindre à démissionner. Benès, craignant la guerre civile, cède à la demande de Gottwald de constituer un gouvernement monolithique, dont Jan Masaryk, le fils du héros de l'indépendance tchèque, serait la seule exception. Cependant, Masaryk ne tarda pas à se suicider en se jetant de la fenêtre de son bureau. En maı, les communistes avaient déjà rédigé un projet de Constitution. Sur le point de le ratifier, Benès donna sa démission (7.VI.1948) et Gottwald devint le nouveau président. Le puissant bloc des pays socialistes européens se trouvait ainsi complété.

Procès, purges et épurations

Le Kominform avait été constitué à Moscou en septembre 1947. Il remplaçait l'Internationale communiste, dissoute en 1943 et qui n'avait pas été reconstituée. Le Kominform, qui dura jusqu'en 1956, a assuré une partie de son rôle coordonnateur, et l'internationalisme prolétarien continuera d'être l'un des dogmes fondamentaux du mouvement ouvrier. Cet organisme bureaucratique assurait le contrôle des *partis frères*.

A cette époque, les réticences de Tito devant la création d'entreprises mixtes avec l'U.R.S.S. (présentée comme une forme d'aide désintéressée) commençaient à devenir suspectes. Tito voyait dans ces entreprises mixtes une forme de pénétration étrangère inconciliable avec les intérêts nationaux. En juin 1948, Tito est accusé par Moscou de déviationnisme nationaliste.

C'est alors que commence à l'Est l'époque des grands procès, des purges et des épurations de militants communistes. Ce n'étaient pas des ennemis du régime. Bien au contraire, beaucoup d'entre eux avaient rendu possible dans leur pays l'implantation du socialisme en tant que phase de transition vers le communisme. Maintenant, ils se retrouvaient devant un tribunal, accusés d'activités titistes, de sectarisme, d'opportunisme et même d'être des espions à la solde des Etats-Unis. En septembre 1949, la Hongrie condamnait à mort et exécutait le ministre des Affaires étrangères Lazlo Rajk. Il ne sera *réhabilité* qu'en 1956, trois ans après la mort de Staline. En Bulgarie, le même sort attendait le vice-premier ministre et secrétaire du Parti communiste T. Kostov. Le secrétaire général du Parti communiste polonais, Wladislaw Gomulka, fut démis de ses fonctions en septembre 1948 et n'échappa un temps à la prison que pour y rester de 1951 à 1956. En Tchécoslovaquie, le ministre des Affaires étrangères, Vlado Clementis, fut victime des purges. Il sera destitué par Rudolf Slansky qui, en 1952, alors qu'il était premier ministre, fut à son tour, à la suite d'un long procès, condamné et exécuté en même temps que dix vieux militants, presque tous juifs.

C'est l'époque de l'arrestation des médecins juifs de Staline. Les accusés, outre leurs déviations nationalistes et bourgeoises, s'accusèrent d'être au service du sionisme international. La Roumaine Ana Pauker, ex-ministre des Affaires étrangères, elle aussi d'origine israélite, tomba également en disgrâce.

Les futurs hommes de confiance de Moscou se trouvaient en prison: Janos Kadar, en Hongrie; Gustav Husak, en Tchécoslovaquie. Ce dernier, condamné à la détention perpétuelle, allait être libéré en 1960 et définitivement réhabilité en 1963.

La mort de Staline annoncée par l'Humanité. En Union soviétique, le « dégel » n'allait pas tarder à commencer.

Le coupable : Staline

Le 6 mars 1953, le monde apprenait la disparition de Staline, mort vingt-quatre heures auparavant. Malenkov lui succédait au gouvernement et Vorochilov à la présidence du Soviet suprême. Le secrétariat général du Parti revêtait ainsi un caractère collégial. Le nom de Khrouchtchev apparaissait déjà parmi la liste de ses cinq membres. L'on put discerner les signes avant-coureurs de la détente : décret d'amnistie, adoucissement du code pénal et réhabilitation des médecins juifs. Au mois de juillet, Béria fut accusé de *machinations criminelles* et, en décembre, l'on annonça sa condamnation, suivie de son exécution immédiate.

Au cours de l'été 1953, les tanks soviétiques durent intervenir à Berlin et à Leipzig pour la première fois depuis la fin de la guerre. Moscou obligea ses alliés à mettre en place des directions collégiales et à décentraliser le pouvoir. Une certaine détente apparut dans les relations internationales. Le traité de paix avec l'Autriche fut signé en mars 1955, à la suite de quoi les troupes soviétiques évacuèrent le pays. En mai, Khrouchtchev, Boulganine et Mikoyan, qui constituaient alors la *troïka* dirigeante, se rendirent en Yougoslavie pour se réconcilier avec Tito. Les vieux staliniens ne comprenaient pas ce qui se

passait. Cependant, leur surprise se transforma en panique à partir de février 1956.

Le XXe Congrès du Parti communiste de l'U.R.S.S. eut lieu à Moscou entre le 17 et le 24 février. Dans un premier rapport, et en présence des délégués des *partis frères*, Khrouchtchev accusa Staline de mégalomanie et dénonça les erreurs du culte de la personnalité. Au cours d'une séance à huis clos qui aura lieu ultérieurement, mais à laquelle ne seront conviés que les représen-

62

La nouvelle image de l'Union soviétique symbolisée par le toast et le sourire de Nikita Khrouchtchev au cours de sa visite en Autriche (juillet 1960).

tants soviétiques, Khrouchtchev condamnera les conceptions dogmatiques de Staline en histoire et en économie. Il exposera ses crimes tout en le rendant responsable de la déportation de peuples entiers et de la mort de «plusieurs milliers de communistes vaillants et honorables à la suite de monstrueuses falsifications». Le discours de Khrouchtchev ne fut pas publié. Cependant, l'espionnage américain parvint à obtenir une copie du texte intégral que la «Voix de l'Amérique» diffusa le 6 juin.

Un vent de déstalinisation souffla sur tout le monde communiste. Le 17 avril, le Kominform est dissous. Tito se rend à Moscou en juin. Au cours d'une interview, Togliatti forge l'expression «polycentrisme». Le nom de Staline disparaît des cartes, les rues sont débaptisées et ses gigantesques statues vouées à la démolition. Molotov, Malenkov, Kaganovitch et Chepilov furent éliminés.

Seul le monument de Prague, qui ne fut terminé qu'à la veille de la déstalinisation, tiendra encore jusqu'en 1962. Les portes des prisons s'ouvrent pour les militants communistes condamnés.

Entre 1954 et 1956, Moscou réhabilitera plus de 7000 personnes. Dans les pays satellites, de longues et nombreuses listes de réhabilités sont publiées chaque jour. Staline et Béria apparaissent comme les seuls responsables.

Les communismes qui voulaient être différents

En 1955, afin de compléter les accords existant en matière de défense et en réponse à l'intégration de l'Allemagne fédérale dans l'O.T.A.N., l'Albanie, la Tchécoslovaquie, la Bulgarie, la Pologne, la Roumanie, la Hongrie et l'U.R.S.S. concluent le Pacte de Varsovie. L'Allemagne démocratique devait y adhérer un an plus tard. Toute menace contre l'un de ces pays engageait les autres. L'U.R.S.S. invoquera cette doctrine pour intervenir dans les pays de l'Est.

Et ce sera précisément un homme réhabilité depuis peu qui sauvera la Pologne de l'intervention soviétique.

L'aspiration des intellectuels à plus de liberté et les tendances à l'émancipation d'une fraction importante du Parti furent les signes avant-coureurs d'un mouvement de révolte qui, en quelques mois, gagna tout le pays. Seule la présence de Gomulka put limiter les troubles. L'atmosphère de déstalinisation et l'exemple d'indépendance donné par une Yougoslavie qui se voyait maintenant réhabilitée à Moscou n'en ren-

daient que plus anachronique la présence du maréchal Rokossowski à la tête du Ministère de la défense polonaise et les difficultés économiques du pays dues, pour une large mesure, aux achats soviétiques de charbon conclus à vil prix. Gomulka, qui sortait de prison, était apprécié de tous au secrétariat général du Comité central du Parti, à l'exception des derniers staliniens. En été 1956, de violents incidents éclatèrent à Poznan, qui furent réprimés dans le sang par les forces de l'ordre. Dès ce moment, deux tendances aux positions inconciliables s'affrontèrent au sein du Parti: les durs et les libéraux. L'habileté de Gomulka en ces circonstances le fit reconnaître par les Russes comme seul interlocuteur valable. Réhabilité en août, il pouvait, après le 20 octobre, mettre en place le dispositif permettant un renouveau du socialisme polonais. Gomulka admit que, pour aboutir au socialisme, il n'était pas nécessaire de suivre le chemin tracé par l'U.R.S.S., et que d'autres voies, comme celle des Yougoslaves, peuvent y mener; mais il mit en garde ceux qui essaieraient de profiter du nouveau processus de démocratisation. Au cours des mois suivants, l'on put observer un recul de la collectivisation et les débuts d'une réforme économique fondée sur le principe léniniste du volontarisme. Les relations avec l'Eglise commencèrent à s'améliorer. Les structures politiques s'assouplirent peu à peu et la Pologne allait devenir le plus ouvert de tous les pays du bloc socialiste.

En Hongrie, le réformisme déboucha sur la contre-révolution. Celle-ci fut réprimée par les tanks. En juin 1956, le stalinien Gerö succéda à un autre stalinien, Rakosi. La nouvelle ligne était représentée par l'ex-premier ministre Imre Nagy, qui avait été jusqu'alors tenu à l'écart. Les intellectuels hongrois suivaient attentivement l'évolution de la Pologne et le mécontentement régnait chez les travailleurs. Début octobre, Nagy parut en public aux côtés de la veuve de Rajk lors des funérailles de cet ex-ministre des Affaires étrangères exécuté par les staliniens. Un centriste, Kadar, fut nommé adjoint de Gerö au secrétariat général. Le 23 octobre, les intellectuels appelaient les socialistes réformistes à une manifestation de solidarité avec les Polonais. Les premiers incidents éclatèrent et la loi martiale fut proclamée. Vingt-quatre heures plus tard le réformiste Nagy devenait premier ministre et le centriste Kadar secrétaire général du Parti. Les troupes soviétiques, qui avaient pénétré dans Budapest, se retirèrent. Simultanément, un processus de réforme communiste et un début de contre-révolution se déclenchèrent. Le nouveau gouvernement fut incapable de contrôler la rue: attaques de commissariats et de locaux du Parti, assassinats de militants et grève générale... A partir du 28 octobre, la révolte prit un aspect nettement anticommuniste. Le cardinal Mindszenty, qui venait d'être libéré, se trouvait alors à la tête d'insurgés voulant rétablir dans le pays le règne de saint Etienne. La réforme et la réaction arboraient le même drapeau. Nagy céda sous la pression de la rue: il annonça le retour au système des partis et en vint même à dénoncer le Pacte de Varsovie, proclamant ainsi la neutralité de la Hongrie. En fait, l'idée de Nagy était d'en revenir à la situation de 1945. Le 1er novembre, Janos Kadar se sépara de Nagy — qui sera exécuté par les Soviétiques en 1958 — et demanda à Khrouchtchev l'envoi de troupes pour rétablir l'ordre. Trois jours plus tard, les tanks russes entraient à Budapest. Le calme entièrement rétabli dans le pays, Kadar allait devenir l'homme fort de la nouvelle situation.

Au cours des années qui suivirent, il tentera d'effacer le douloureux souvenir de 1956, menant à bien une politique réformiste habile, tout aussi audacieuse que celle que Nagy avait pensé développer dans un premier temps. A partir de 1963, Kadar élèvera à des postes de responsabilités certains hommes qui avaient lutté contre les tanks soviétiques dans les rues de Budapest et qui venaient de sortir de prison. Puis il orientera le pays sur la voie du bien-être matériel après avoir condamné la politique de Rakosi et de Gerö.

Le président Nixon, à Bucarest, avec Ceaucescu, le porte-parole d'une politique extérieure indépendante au sein du monde socialiste.

Frères séparés et polycentristes

Enver Hodja, dans la minuscule Albanie, avait résisté à la vague de déstalinisation. La réconciliation de Moscou avec la Yougoslavie fut mal accueillie par le dirigeant de Tirana qui se méfiait toujours de son voisin Tito. Après la tragédie hongroise, Hodja s'en prit, à travers la *Pravda*, à tous ceux qui voulaient «inventer de nouvelles formes de socialisme». La querelle de 1957 entre la *coexistence pacifique* prônée par Moscou et la *guerre anti-impérialiste* défendue par la Chine, rangea l'Albanie du côté de Pékin, par peur de son voisin yougoslave. Au fur et à mesure que s'approfondissait le différend sino-soviétique, l'Albanie semblait s'aligner toujours plus nettement sur Pékin. Au cours de la Conférence réunissant quatre-vingt-un partis communistes à Moscou en novembre 1960, Hodja annonça que son pays avait été «obligé de choisir entre deux cents millions de Russes et six cent cinquante millions de Chinois». Les attaques fusèrent de toutes parts jusqu'à ce que Khrouchtchev, au XXIIe Congrès du P.C. soviétique (17.X.1961), dénonce l'antisoviétisme albanais que défendait Chou En-laï. C'était le dernier voyage du dirigeant chinois à Moscou. Le grand schisme communiste commençait et les *partis frères* de Chine et d'Albanie devenaient des *frères séparés*. La publication par l'Albanie des documents du Congrès marqua la fin de ses relations avec l'U.R.S.S. (11.XII.1961).

La Roumanie allait être, elle aussi, à l'origine d'une nouvelle fissure dans le monolithisme du bloc socialiste. Des raisons commerciales la poussèrent, en effet, à adopter une position indépendante en matière de diplomatie. Dans les projets d'intégration économique ébauchés par le *Comecon* au cours des années 1961 et 1962, la Roumanie se trouvait reléguée à l'état de pays agricole — ce qui s'opposait à la politique d'industrialisation menée jusqu'alors. Elle mit son veto au projet intégrationniste pendant l'été 1963. Dans le même temps était signé à Moscou le traité sur la limitation des essais nucléaires, auquel elle n'adhéra pas. Georghiu Dej, le secrétaire général du Parti, œuvra avec habileté et ténacité. Le 24 avril

1964, le Comité central publiait une *déclaration d'indépendance* de la Roumanie, sans pour autant rompre avec l'U.R.S.S., et faisait remarquer qu'il ne pouvait y avoir des «partis pères et des partis fils». Lorsque Dej mourut, en 1965, sa politique d'indépendance fut reprise par Maurer et Ceaucescu.

La Roumanie récrivit toute son histoire récente où il apparaît que l'armée soviétique a joué un rôle bien moins important qu'on ne le pensait dans la libération du pays et où l'on accorde une grande place aux francs-tireurs.

Poursuivant sa politique d'indépendance, la Roumanie maintiendra ses relations diplomatiques avec Israël après la guerre des Six Jours et établira des relations avec l'Allemagne fédérale en 1967.

En Occident, les dirigeants roumains trouveront un bon défenseur en la personne du général de Gaulle qu'ils accueilleront triomphalement en mai 1968. D'autre part, la Roumanie ne participera pas à l'invasion de la Tchécoslovaquie en août 1968 ; elle empêchera la constitution d'un organisme supranational au sein du *Comecon* en avril 1969, et, en août de la même année, elle recevra Nixon. Au cours de cette période, les Roumains n'adhéreront à aucun traité et ils seront les seuls du bloc socialiste à se rendre avec constance en Chine populaire, sans avoir à rougir de s'arrêter ensuite à Moscou.

L'expérience passionnante de la Tchécoslovaquie

Prague avait résisté au vent de déstalinisation qui soufflait de Moscou et un vieux stalinien, Antonin Novotny, détenait toujours le pouvoir en 1967. Le développement de la Tchécoslovaquie, passée au socialisme avec un haut niveau d'industrialisation, s'en trouvait freiné. Aussi les premières critiques surgirent-elles du secteur économique. Elles n'étaient pas dirigées contre le système, mais visaient son application. A leur tour, les intellectuels, comme en Pologne et en Hongrie, dénoncèrent ensuite les excès du contrôle qui s'exerçait sur eux. En octobre 1967, le responsable du parti en Slovaquie, Alexander Dubcek, et un groupe de communistes récemment réhabilités, alliés aux éléments libéraux du parti, adressèrent leurs critiques au secrétaire général et président de la République, Antonin Novotny. Deux mois plus tard, celui-ci faisait son autocritique, rapidement suivie de sa démission.

Au mois de janvier 1968, Alexander Dubcek, après de longues années de formation dans les écoles de Moscou, devenait secrétaire général du Comité central. En mars, le vieux Novotny abandonnait la présidence de la République et le 6 avril Dubcek exposait le programme d'action du Parti communiste où il était dit que «le

Ci-dessous: Dubcek, secrétaire général
du Parti communiste tchécoslovaque, et Svoboda,
le président de la République tchécoslovaque.
Ci-contre: la nouvelle équipe tchèque reçut
l'adhésion des masses. L'on pensait que
le « socialisme à visage humain » serait possible.

Parti ne peut imposer son autorité; il doit la gagner par ses actes». La voie tchécoslovaque conduisait à un *socialisme à visage humain*. Elle séduisit rapidement toute la population et allait constituer, pour les partis communistes occidentaux, une expérience passionnante. Nulle part ailleurs, le Parti communiste n'avait été aussi populaire, après qu'il eut expulsé, en mai, celui qui, en janvier encore, était son secrétaire général. L'expérience tchécoslovaque comportait des risques. Dubcek le savait mais il avait confiance dans le bon sens et la maturité politique de son peuple. Par peur de la contagion, les pays du Pacte de Varsovie s'apprêtaient à imposer l'arrêt de cette libéralisation. Au cours du mois de juillet, leurs troupes firent quelques manœuvres en Tchécoslovaquie. Il semble que Dubcek ait eu lui-même intérêt à ce qu'elles se déroulent dans son pays. Il voulait ainsi convaincre ses alliés que la libéralisation avait des limites et que le Parti, tout en laissant s'exprimer les critiques, contrôlait totalement la situation. Ce point allait d'ailleurs être confirmé pendant l'occupation qui suivit. Fin juillet, la nouvelle équipe tchécoslovaque rencontra les maîtres du Kremlin au poste frontière de Cierna. Peu après, les dirigeants du Pacte de Varsovie se réunissaient à Bratislava avec leurs collègues tchèques. Les deux parties offrirent des garanties mutuelles. Le 15 août, Janos

Kadar, en homme habitué à traiter avec les Soviétiques et sachant ce que coûte une invasion, rencontra Dubcek. Cinq jours plus tard, les troupes de l'U.R.S.S., de l'Allemange démocratique, de la Pologne, de la Hongrie et de la Bulgarie (seule la Roumanie était absente) occupaient Prague, s'installant dans les principales villes du pays. Dubcek ordonna que l'on n'oppose pas de résistance et que l'on laisse les troupes poursuivre leur avance. Jamais homme d'Etat n'avait eu un tel appui populaire: les Tchèques obéirent sans s'insurger contre la provocation. Il en alla de même lorsque fut annoncée l'arrestation de Dubcek et des principaux leaders. Le peuple allait essayer de convaincre les soldats, dont les tanks stationnaient au centre de Prague,

de l'absence de grandes divergences idéologiques et de l'inutilité de leur présence. L'occupation fut désapprouvée à tous les niveaux, de la présidence de la République, assumée par le légendaire Svoboda, jusqu'aux comités d'entreprises qui venaient d'être constitués.

C'est à Moscou qu'il fut décidé, dans les jours suivants, du sort immédiat des peuples tchèque et slovaque: le diktat des Soviétiques imposait l'établissement illimité de leurs troupes dans le pays. La Tchécoslovaquie était représentée par trois tendances: les partisans de l'ouverture, avec à leur tête les prisonniers de Prague que Svoboda avait pu imposer à la table de conférence; celle, représentée par Bilak et Indra, sans appui dans le peuple frustré de ses espérances et compromise pour avoir accueilli les Soviétiques en libérateurs; et, enfin, la fraction pragmatiste, dirigée par le Slo-

vaque Husak, composée d'hommes qui avaient aussi critiqué Novotny tout en ne s'engageant pas à fond aux côtés de Dubcek. Cette troisième force accepta la responsabilité de mener à bien l'étape de *normalisation* imposée à la Tchécoslovaquie par les Soviétiques, et qui exigeait que l'orientation adoptée fût rectifiée et les cadres du parti renouvelés. Sous l'impulsion autoritaire de Husak, on rétablit la censure, on interdit les films jugés décadents, on mit à pied de nombreux fonctionnaires, on exila en masse cinéastes et écrivains. La Slovaquie deviendra, bien avant la Bohême et la Moravie, la terre d'élection de la «normalisation». Lors des accords de Moscou (26.VIII.1968), l'on fit approuver la *doctrine* dite *de Brejnev* qui limitait la souveraineté nationale des pays signataires du Pacte de Varsovie dans l'intérêt général des Etats membres de la communauté socialiste. La

vienne à s'appliquer à des Etats du bloc
socialiste moins préparés sur le plan économique et sociologique à une évolution
extrêmement difficile à contrôler.

Ulbricht et Gomulka: des hommes gênants

Lorsque, le 3 mai 1971, Walter Ulbricht,
le plus fidèle allié de l'U.R.S.S. dans les
pays de l'Est depuis la fin de la guerre,
présenta sa démission du secrétariat du
parti, la politique réaliste du chancelier
Brandt et la volonté soviétique d'établir de
solides bases de coopération avec l'Allemagne fédérale allaient prendre forme. Le
traité germano-polonais avait été signé à
Moscou un mois plus tôt. Ulbricht devenait
un obstacle à la réalisation de l'entente entre
les deux Allemagnes et au désir de tous les
pays de l'Est d'établir des relations avec
Bonn. Ulbricht fut remplacé par un homme
pragmatique et réaliste, Erich Honecker,
qui, après la signature des accords interalle-
mands, verrait son pays, alors reconnu par
l'ensemble des nations, accéder à tous les
organismes internationaux. Le 23 juin 1973,
le Conseil de sécurité approuverait l'entrée
des deux Allemagnes à l'O.N.U.

Triste destin que celui de Gomulka. Dirigeant persécuté et condamné par les staliniens, il devait incarner, en 1956, la volonté

liquidation des hommes compromis au
cours du *printemps de Prague* allait démarrer
lentement mais efficacement; elle s'exerce-
rait à tous les niveaux. Dubcek, expulsé du
Praesidium, obligé de démissionner du
Comité central après avoir été nommé à
l'ambassade d'Ankara, serait finalement
exclu du parti en juin 1970 et condamné au
silence. L'invasion de la Tchécoslovaquie
eut de grandes répercussions dans les partis
communistes des pays occidentaux, où elle
provoqua de nouvelles scissions. Moscou
craignait, semble-t-il, que l'expérience
tchèque ne fasse tache d'huile et qu'elle ne

de libéralisation de son pays tout en évitant, grâce à son prestige, que le sang ne soit versé à Varsovie. Or, en décembre 1970, des troubles éclatèrent à Gdansk, Gdynia et Szczecin où les ouvriers s'étaient mis en grève à la suite de la hausse des prix décrétée par le Gouvernement pour freiner la consommation. Gomulka ne sut dialoguer avec ceux qui, comme lui, proclamaient la légalité socialiste. Blessé dans son amour-propre, il chargea l'armée de réprimer les troubles. Mal lui en prit, car il se vit alors dans l'obligation de démissionner. Avec lui furent écartés du pouvoir ses principaux collaborateurs et une nouvelle équipe dirigeante fut constituée autour d'Edward Gierek, membre du Politburo qui avait travaillé, dans sa jeunesse, au fond des mines belges et françaises. Une des premières mesures de son gouvernement fut d'analyser les raisons de la grève des ouvriers. L'on rapporta la hausse des prix et Gierek introduisit de nombreux techniciens au Gouvernement. Un *printemps technocratique* s'annonçait à Varsovie.

Le prix élevé d'une gendarmerie mondiale

Les Américains et les Soviétiques combattaient encore les soldats de Hitler lorsque l'alliance imposée par le conflit commença à se dégrader. Le 23 avril 1945, le président Truman s'en prit violemment à Molotov, alors en visite à la Maison-Blanche, arguant que les Soviétiques n'avaient pas respecté les accords de Yalta sur la Pologne. Les divergences de vues entre les deux anciens alliés s'amplifièrent encore à la conférence de Potsdam et au cours des entretiens subséquents qui eurent lieu à tous les niveaux entre les vainqueurs de la Seconde Guerre mondiale. Une large zone d'influence soviétique se renforçait en Europe de l'Est et, le 5 mars 1946, à l'Université de Fulton (Missouri), Churchill parlait pour la première fois de l'existence d'un « rideau de fer » en Europe. Un an plus tard, Truman exposa sa doctrine de l'endiguement du communisme. La *guerre froide* était ouverte. Tandis que les purges et les épura-

Harry S. Truman. C'est sous son mandat que fut lancée la première bombe atomique.

tions allaient bon train en Europe de l'Est, la démocratie américaine s'épurait elle aussi tout en perfectionnant la théorie de la conspiration. Selon la vision manichéenne de celle-ci, les Etats-Unis et l'anticommunisme militant incarnaient le Bien et le communisme, ainsi que ses *compagnons de voyage*, en particulier les libéraux et les intellectuels, représentaient le Mal. Deux millions et demi de fonctionnaires furent victimes de l'épuration engagée par Truman. Le fait d'être affilié à une «organisation totalitaire» ou, tout simplement, d'avoir pour elle des sympathies, était considéré comme une preuve de déloyauté et impliquait la perte de toute possibilité de travail. L'on en vint à exiger de tous les fonctionnaires qu'ils fassent serment de fidélité et, lorsque des «motifs raisonnables» de les soupçonner apparaissaient, ils étaient écartés de leur poste. C'est l'époque de la *chasse aux sorcières* lancée par le sénateur Joseph McCarthy. Celui-ci fera comparaître devant la commission d'enquête du Sénat deux secrétaires d'Etat du Président: le général George Marshall et Dean Acheson, soupçonnés d'avoir essayé de reconnaître le régime de Mao Tsé-toung qui venait de s'imposer à Pékin. C'est également l'époque où

les intellectuels américains ont le choix entre se taire ou tourner leur veste. En 1949, la première bombe atomique soviétique explose. Pour les ultra-conservateurs, qui faisaient reposer la sécurité mondiale sur la menace nucléaire, la bombe soviétique était *leur bombe*. Aux Etats-Unis, chacun était considéré comme un espion en puissance. L'on ne put rien prouver contre Robert Oppenheimer, ni contre Alger Hiss, le président de la Fondation Carnegie pour la Paix internationale, accusés de trahison; ni établir la culpabilité des époux Rosenberg, conduits néanmoins à la chaise électrique. Ces années seront celles de la peur. Les principaux responsables en sont le Comité pour les Activités anti-américaines et la doctrine présidentielle de l'endiguement, qui embarquera les Etats-Unis dans de dangereuses aventures.

Un système d'alliances visant à contenir l'agression

En 1950, la Corée du Nord essaya de réunifier la péninsule par l'usage de la force. Avec l'appui de l'armée sud-coréenne, les Etats-Unis répliquèrent avec un objectif semblable, mais au profit du Sud. Ce qui apparaissait comme une provocation pour le Nord devenait légitime pour les Etats-Unis et lorsque les soldats américains enva-

Les époux Rosenberg qui, après un procès controversé, furent inculpés d'espionnage atomique en faveur de l'U.R.S.S. Ils devaient être électrocutés le 20 juin 1953.

hirent la Corée du Nord, l'endiguement revêtait déjà la forme d'une *libération*. A la fin de l'année, avec l'entrée en guerre des Chinois, l'on n'excluait pas à Washington la possibilité de porter le conflit jusqu'en Chine et de faire usage de la bombe atomique. Il ne fait pas de doute qu'au cours de l'hystérie guerrière de ces années, la majorité du peuple américain approuvait l'agressivité du général MacArthur. Mais, en le destituant en avril 1951, Truman imposait le concept de *conflit localisé* qui allait caractériser les deux décennies suivantes.

La doctrine de l'endiguement fut concrétisée par une série de pactes militaires avec tous les pays voisins du bloc socialiste. Il s'agissait d'isoler ce dernier au moyen d'une ceinture préventive de canons dissuadant toute tentative d'agression. La moitié du monde s'engageait dans la *croisade de la liberté* préconisée par Washington. Dès 1949, l'O.T.A.N. avait été constituée en Europe. A partir de 1954, l'Asie du Sud-Est allait posséder l'O.T.A.S.E., qui réunit à la fois la France, la Grande-Bretagne, les Philippines, l'Australie, la Nouvelle-Zélande, le Pakistan, la Thaïlande et les Etats-Unis. L'on signerait des traités bilatéraux avec les pays absents de ces deux pactes: l'Espagne (1953), la Corée du Sud (1953), et la Chine nationaliste (1954). Les Etats-Unis adhéreront par la suite à l'Organisation du Traité

central (C.E.N.T.O.), bien que ce ne fût que comme membre des commissions économiques et antisubversives, rôle parfaitement adapté à leurs intentions. Cette organisation comprenait la Grande-Bretagne, l'Iran, la Turquie, le Pakistan et l'Irak. Les Etats-Unis, qui engagèrent leur politique de traités militaires sous la bannière de la défense des libertés démocratiques, n'hésitèrent pas à s'allier rapidement avec les pays les plus réactionnaires lorsque leur sécurité mettait en danger le *statu quo* mondial — dont Eisenhower et Foster Dulles s'efforçaient d'apparaître comme les principaux défenseurs.

En 1957, le système d'alliances était achevé. Au mois de novembre, en U.R.S.S., au cours de la commémoration du quarantième anniversaire de la Révolution d'Octobre, Khrouchtchev déclara que la coexistence des systèmes socialiste et capitaliste était possible et que la guerre, contrairement à ce qu'on avait soutenu jusqu'alors, n'était pas inévitable. Le leader soviétique annonça que la *coexistence pacifique* serait la «base inébranlable» de la nouvelle politique extérieure de l'U.R.S.S. Les années suivantes allaient voir apparaître une certaine détente, une fois *l'équilibre de la ter-*

Le général MacArthur dans le Pacifique,
entouré d'un groupe de soldats américains.
Ceux-ci, à partir de cette époque, seront
présents dans le monde entier.

reur atteint (bombe H américaine en 1952, bombe H soviétique en 1955). En 1959, le vice-président américain Richard Nixon se rendra en U.R.S.S. puis en Pologne. En septembre de la même année, Krouchtchev effectuera un voyage aux Etats-Unis. Ce seront les principaux contacts réalisés par les deux puissances depuis la fin de la guerre. Khrouchtchev et Eisenhower eurent durant trois jours des entretiens à l'issue desquels ils semblaient avoir abandonné leurs positions dogmatiques et intolérantes. Les agences de presse du monde entier parlaient de l'*esprit de Camp David,* malgré les crises périodiques provoquées par le problème de Berlin. En

mai 1960, les *quatre grands* (Eisenhower, Khrouchtchev, MacMillan et de Gaulle) se rencontraient à nouveau. La réunion précédente (en juin 1955) avait eu lieu à Genève (Eisenhower, Boulganine, Eden et Faure). La conférence s'annonçait sous les meilleurs auspices à Paris quand surgit un événement imprévu: Khrouchtchev révéla qu'un avion espion américain avait été abattu sur le territoire soviétique. Eisenhower refusa de présenter ses excuses et la conférence échoua. La coexistence ne pouvait être menée à bien dans le cadre de la guerre froide. Lorsque Eisenhower arriva au terme de son mandat, le monde semblait avoir fait un retour de dix ans en arrière.

La voie de la détente

Nous poursuivons notre entretien avec Jean Lacouture. Après avoir examiné la grande réorganisation du monde de l'après-guerre autour des Etats-Unis et de l'U.R.S.S., nous allons évoquer les problèmes du Tiers monde et les conséquences qui peuvent en découler pour l'avenir.

Comment se présentent, dans leur originalité, les problèmes du Tiers monde?

La notion de Tiers monde est apparue à la fin des années cinquante. Cette formule tentait de définir globalement l'ensemble des pays de l'hémisphère Sud pour la plupart, presque tous encore colonisés ou sortant de la colonisation, ou cherchant une plus grande indépendance, tous économiquement faibles, plus ou moins sous-alimentés et n'appartenant clairement ni au groupe de nations dont les Américains étaient les dirigeants principaux et qu'ils qualifient eux-mêmes de Monde libre, ni au groupe de nations dominé, inspiré par l'Union soviétique.

Pendant les premières années, on aurait pu croire qu'il y aurait une sorte d'alliance objective entre le camp socialiste et les pays du Tiers monde. Pourquoi? Parce que le camp occidental était en fait celui des colonisateurs, ou des néo-colonisateurs qui essayaient de maintenir leur emprise sur la plupart des pays et des gouvernements de l'hémisphère Sud, pour pouvoir utiliser mieux leurs matières premières et s'en servir comme marchés. Mais, au cours des années, cette alliance objective s'est affaiblie. Dans la plupart des cas, on a vu le Tiers monde devenir de plus en plus autonome et se distinguer aussi bien du camp socialiste que du camp américain. On a vu se dessiner petit à petit la notion de la double hégémonie, qui a été formulée avec beaucoup plus de force que par les autres, par les dirigeants chinois. Ils avaient en effet subi les deux sortes de tentatives de pression, celle des Américains jusqu'en 1949, et celle des Soviétiques ensuite.

Jean Lacouture.

Les dirigeants algériens ont donné en 1973 la meilleure définition actuelle de la politique du Tiers monde dont les deux objectifs peuvent être résumés ainsi :

— Objectifs politico-diplomatiques : non seulement ne plus se laisser entraîner dans les conflits des blocs, comme dans les années cinquante, mais aussi ne pas être les payeurs de la politique de détente entre les grands. Des pays du Tiers monde avaient bénéficié de la guerre froide dans la mesure où les deux blocs voulaient obtenir leur alliance et leur appui. Le réarmement faisait monter les prix des matières premières. La détente pourrait supprimer ce double chantage. Maintenant, le Tiers monde cherche à éviter que la réconciliation des géants se fasse à son détriment. C'est le sens de réunions comme celle d'Alger en 1973.

— Le second objectif, c'est celui de mettre un terme à ce qu'on appelle la détérioration des termes de l'échange, c'est-à-dire à l'affaiblissement du prix des matières premières par rapport au prix des matières fabriquées.

Au cours des dernières années, cette conscience de la communauté des pauvres s'est accrue et, d'autre part, ils ont découvert qu'ils avaient les moyens de faire hausser les prix.

Cette conscience de la très relative solidarité des pauvres, et cette conscience aussi qu'ils ont les moyens, s'ils pratiquent cette solidarité, de faire pression sur les grands pour mettre un terme ou limiter l'exploitation comme producteurs de matières premières, est un facteur essentiel de l'évolution du Tiers monde.

Quelle a été l'influence de la politique de Mao sur la Chine communiste?

Si l'explosion de la bombe d'Hiroshima a été peut-être le fait historique le plus important de la première partie du siècle, il ne faudrait pas sous-estimer un événement qui s'est passé à peu près au même moment: l'entrée des troupes de l'armée rouge chinoise à Pékin. Je crois que l'installation du régime communiste en Chine est un événement à peu près aussi gigantesque, certainement aussi important que la Révolution d'octobre 1917.

Un jugement porté sur le communisme chinois et sur ce qu'il a réalisé doit être aussi nuancé que le jugement qu'on peut porter sur les réalisations, les résultats du communisme en Union soviétique. Parce que la révolution n'a que vingt-cinq ans en Chine, nous serions tentés de trouver que le rapport positif est plus important en Chine qu'en Union soviétique.

Je ne ferai pas l'éloge de la démocratie chinoise et je pense que, dans le maniement politique par le parti communiste chinois, il y a énormément de cynisme et très souvent fort peu de respect des aspirations du peuple chinois. Cela vu de très loin, par un étranger qui connaît mal la conscience chinoise et la civilisation chinoise, qui

Mao Tsé-toung et le président
Nixon.

en connaît en tout cas suffisamment pour savoir que la Chine vit, mais dans une civilisation essentiellement fondée sur le groupe et que, du confucianisme au marxisme-léninisme et au maoïsme il y a certainement une permanence qui fait des masses la donnée première.

On peut dire cependant que le bilan économique est extraordinairement impressionnant. Un pas gigantesque a été fait en vingt-cinq ans, ne serait-ce que celui-ci, qui est considérable : il n'y a plus de famine en Chine. La Chine est sortie de la misère, on peut même dire qu'elle est sortie de la pénurie. Est-ce pour entrer dans la pauvreté, dans la frugalité ? Les dirigeants chinois eux-mêmes disent : « La Chine est et reste un pays arriéré. » C'est un fait, elle est de moins en moins arriérée.

La Chine est de nouveau une grande puissance. Elle ne l'est pas du tout au même degré que les Etats-Unis et l'Union soviétique, parce qu'elle ne dispose pas d'une très grande industrie exportatrice, parce qu'elle ne dispose encore de l'arme atomique que d'une façon très conditionnelle et parce que l'état de son économie arriérée pèse quand même très lourd dans la balance. Mais aujourd'hui, la Chine est déjà une des cinq forces mondiales. Cela est dû notamment aux extraordinaires capacités de ses principaux dirigeants et notamment du président Mao Tsé-toung et du premier ministre Chou En-laï. Mais elle a une autre faiblesse: ses dirigeants sont très âgés. Des problèmes de succession très sérieux se posent.

Comment envisagez-vous l'avenir? Pourra-t-on éviter les conflits?

Le problème central à la fin du XXe siècle paraît être celui des rapports entre le monde riche et le monde pauvre. Les nations riches, parmi lesquelles il faut maintenant ranger l'Union soviétique, devraient trouver les moyens de ne pas se faire la guerre et même de coopérer.

Au risque de paraître naïf ou mal informé, je n'arrive pas à concevoir un conflit de caractère militaire, donc nucléaire, entre les puissances très avancées.

Par contre, les relations entre l'hémisphère Nord et l'hémisphère Sud sont très préoccupantes: on voit tout de même des facteurs, sinon d'espoir, au moins de réexamen. Le syndicat des nations pauvres, en cours de constitution, peut commettre des erreurs, provoquant des réactions en chaîne entre les grandes puissances.

Je crois pourtant que l'on va vers de gigantesques négociations, tant commerciales que monétaires, qui devraient clarifier les échanges internationaux.

C'est en Asie que se posent les trois problèmes probablement les plus lourds de conséquences des dix années à venir. Le premier est la question des rapports entre la Chine et l'U.R.S.S., qui sont les seuls, me semble-t-il, susceptibles de donner lieu à une conflagration militaire à grande échelle. Je ne crois pas vraiment à l'éclatement de

Aujourd'hui, la Chine joue dans le monde un rôle qui ne peut en rien être comparé à celui qu'elle a joué pendant deux siècles.

ce conflit. Le deuxième problème, largement lié au premier, est celui des relations entre le Japon et la Chine. Va-t-on vers un rapprochement de ces deux puissances? L'alliance des masses chinoises et de la technologie japonaise ferait évidemment basculer l'équilibre international.

Une troisième question se pose: celle des rapports entre le Japon et les Etats-Unis qui vont être les deux plus grands exportateurs du monde et dont les contradictions apparaissent plus crûment chaque jour.

Reste l'Europe: divers indices donnent à espérer qu'elle affirmera une certaine cohésion, une certaine indépendance à l'égard de ses voisins soviétiques et de ses alliés américains.

L'ampleur de l'armement soviétique et la situation qui serait créée par un allégement radical de la présence américaine en Europe peuvent fonder certaines inquiétudes.

C'est encore le risque de naïveté que je cours en exprimant l'espoir que, tant par sa vieille expérience que par sa volonté d'indépendance, l'Europe est mieux capable que les superpuissances de réaliser les conditions d'un rééquilibrage des rapports avec l'hémisphère Sud.

A gauche, assemblée de l'O.N.U. en 1972.
A la tribune, Maurice Schumann, ministre
français des Affaires étrangères.
Ci-dessous: le président John F. Kennedy

Les funérailles du président John F. Kennedy.
En bas: le président Johnson et son épouse
accueillent le chancelier allemand Erhard.

Kennedy: une « nouvelle frontière »

Si la politique intérieure de John F. Kennedy est apparue comme une innovation (Kennedy appelait les Américains à conquérir de nouvelles « frontières » intérieures, au-delà desquelles devaient être rejetées la misère et l'ignorance), c'est parce que sa politique extérieure assurait, en revanche, une certaine continuité, tout au moins au cours des premiers mois de son mandat. Sans cela, il n'aurait pas autorisé le projet d'invasion de Cuba, préparé par l'administration précédente dans les derniers mois de

la présidence d'Eisenhower. La victoire de Nixon aux élections (303 collèges électoraux pour Kennedy et 219 pour Nixon avec, respectivement 34 221 531 voix contre 34 108 474) eût peut-être augmenté l'engagement des Etats-Unis. Mais la tentative de débarquement avorté, tel que l'avait toléré Kennedy, compromettait néanmoins gravement le pays.

Kennedy, qui devait avoir tiré les leçons de l'échec de l'aventure cubaine, n'aspirait plus à une domination mondiale. Sa politique consistera à stopper d'abord la progression du communisme, tout en calculant les risques, pour discuter ensuite. Kennedy et Khrouchtchev négocièrent à Vienne en juin 1961. «Les hommes dont dépend en partie la paix se sont mis d'accord pour rester en contact», déclara-t-il à son retour à Washington. Kennedy et Khrouchtchev furent en contact lorsque, en octobre 1962, des avions de reconnaissance américains découvrirent sur Cuba des rampes de lancement de fusées à têtes nucléaires ayant un rayon d'action de mille milles. Les bases soviétiques de Cuba, à quatre-vingt-dix milles du territoire des Etats-Unis, modifiaient le *statu quo* mondial. Le 22 octobre, alors que des unités de la flotte soviétique se dirigeaient vers Cuba, Kennedy ordonna le blocus de l'île. Depuis les Nations Unies, U Thant lançait un pathétique appel à la sagesse, brandissant le spectre de la guerre

nucléaire. Les navires soviétiques faisaient demi-tour dans l'Atlantique et, le 28, Khrouchtchev annonçait que les bases seraient démantelées. Les Etats-Unis et l'U.R.S.S. demandaient en même temps que le problème de Cuba fût retiré du Conseil de sécurité. Par la voix de leur Président, les Etats-Unis renonçaient à encourager des processus de *libération*, en déclarant (10.VI.1963) qu'aucun gouvernement, qu'aucun système social n'était intrinsèquement pervers et que la volonté de paix était possible dans tous les pays dont le gouvernement représentait la volonté populaire. Le manichéisme de Truman et d'Eisenhower était rejeté. Quatre jours plus tard, Khrouchtchev faisait sienne cette même doctrine, et, le 20 juin, était signé un accord sur l'établissement d'un câble de télex direct entre la Maison-Blanche et le Kremlin; avec ce fameux *téléphone rouge*, les dirigeants pouvaient rapidement se consulter en cas de crise. Au mois de juillet, les Etats-Unis, l'U.R.S.S. et la Grande-Bretagne, alors les trois seules puissances nucléaires, se mirent d'accord pour limiter leurs essais nucléaires.

Kennedy, toujours dans le cadre de la doctrine du risque calculé, qui avait exprimé la volonté des Etats-Unis de demeurer à Berlin (1961) et qui avait

ordonné, l'année suivante, le blocus de
Cuba, autorisa la présence à Saigon de
conseillers américains. Ngo Dinh Diem fut
incapable de gouverner le semblant d'Etat
que constituait le Viet-Nam du Sud. Il fut
déposé et assassiné le 1er novembre 1963.
En novembre 1963, plus de 16000 Américains résidaient à Saigon. Pour Kennedy, et
l'équipe d'hommes pragmatiques qui
l'entourait, les limites de ce risque étaient
assez hypothétiques. Par contre, nous
savons jusqu'où ira l'engagement américain
avec certains de ses collaborateurs —
McNamara et Rusk — lorsque Johnson,
après l'assassinat de Kennedy (22.XI.1963),
accédera à la présidence.

De la protestation pacifique à la guérilla urbaine

Kennedy mourut au Texas, un Etat du
Sud. Nombreux furent ceux qui cherchèrent les causes de son assassinat dans son
projet de Loi sur les Droits civiques.
D'autres crurent y voir la réponse violente
des milieux militaro-industriels à la politique de détente du Président. Toujours est-
il que la version officielle, selon laquelle
l'assassinat fut l'œuvre d'un individu isolé,
en révolte contre la société, ne convainquit
personne.

La population noire des Etats-Unis, qui
avait pu constater l'inefficacité des lois sur

l'intégration raciale (1954, intégration dans les écoles et les transports) vota pour Kennedy lorsqu'elle put remplir les conditions d'inscription sur les listes électorales. Les Noirs sortaient alors de leur état de prostration séculaire et commençaient à protester. Le premier *sit-in* eut lieu à Greensboro (Caroline du Nord), en 1960. Chaque fois qu'ils auraient une raison de manifester, les Noirs allaient dorénavant s'asseoir sur le sol en attendant que la police vienne les déloger. Le mouvement des *sit-in* s'étendra rapidement à l'ensemble des Etats-Unis et donnera naissance à une organisation : le Comité de coordination des étudiants non violents. La violence était le fait des Blancs. Martin Luther King fut à l'origine des marches et des *sit-in*. Le mouvement de ce pasteur baptiste, fondateur de la Conférence des dirigeants chrétiens du Sud, était non violent et partisan de la *tension créatrice*. Sous l'administration Kennedy, les tribunaux fédéraux durent déployer une intense activité pour que les lois sur l'intégration raciale soient appliquées. En septembre 1962, le Président mit la Garde nationale du Mississippi sous l'autorité fédérale et envoya l'armée protéger un étudiant (James Meredith) qui s'était inscrit à l'université de cet Etat. La brutalité des milieux blancs les plus réactionnaires atteignit son paroxysme en 1963, lorsque Kennedy présenta au Congrès la Loi sur les Droits civiques. Le Président sera assassiné avant que son projet ne soit approuvé, mais il entrera en vigueur sous l'administration du sudiste Johnson, son successeur.

La lutte des Noirs pour leurs droits se durcit lorsqu'ils virent que ce n'étaient plus les lois qui séparaient les hommes en fonction de leur couleur, mais les structures sociales des Blancs. C'était le point culminant de l'accession à l'indépendance des Etats africains. Dans les quartiers noirs, l'on prêchait le retour à l'Afrique ancestrale, à la religion musulmane ; l'on faisait l'éloge de la beauté des Noirs. En 1965, un meneur, Stokely Carmichael, lançait pour la première fois le cri de *Pouvoir noir*. L'on opposait maintenant le séparatisme violent au pacifisme qui avait jusqu'alors dominé. En 1967, la consigne fut donnée de refuser de combattre au Viet-Nam et de ne pas participer aux Jeux Olympiques sous les couleurs des Etats-Unis. Les athlètes noirs se rendirent pourtant à Mexico en 1968, mais chaque fois qu'ils furent appelés à monter sur le podium, ils levèrent leur poing fermé, devenu le symbole de la révolution des gens de couleur. En 1964, le Ku-Klux-Klan faisait toujours des démonstrations publiques de ses rites ténébreux. L'activiste noir Malcolm X fut assassiné en 1965 ; l'étudiant que Kennedy avait fait protéger par l'armée, James Meredith, fut blessé par balle en 1966 ; le 4 avril 1968, à

Memphis, un franc-tireur tua l'apôtre de la non-violence, Martin Luther King. C'était l'époque de la violence et de la répression, et des étés tumultueux dans les ghettos.

Johnson ou l'arrogance du pouvoir

Aux élections présidentielles de 1964, utilisant le langage forgé sous son adminis-tration, Johnson apparaissait comme une colombe timide et sans défense face au fau-con Goldwater, fier et agressif. Pourtant, Johnson devait réaliser le programme proposé par Goldwater au cours de sa campagne électorale, en embourbant le prestige des Etats-Unis dans les terres maré-cageuses du Viet-Nam et en y envoyant plusieurs centaines de milliers de *boys* amé-ricains.

Au cours des premiers jours d'août 1964, le crédit de Johnson fut sérieusement ébranlé lorsqu'il décida le bombardement d'objectifs situés sur le territoire du Viet-Nam du Nord après le douteux incident du golfe du Tonkin où deux contre-torpilleurs américains auraient été attaqués par des canonnières nord-vietnamiennes. Le Texan considérait qu'une victoire militaire américaine au Viet-Nam était indispensable. L'issue du conflit ne faisait aucun doute non plus pour le Pentagone, et le secrétaire d'Etat à la Défense, Robert McNamara, prédisait en 1963, que la guerre serait terminée en 1965.

Poussé par son impatience et son orgueil blessé, Johnson allait accélérer l'envoi de soldats américains au Viet-Nam: il y en avait 16 000 à la mort de Kennedy et 53 000 lorsque Johnson abandonna la présidence. Les Etats-Unis acceptèrent mal d'être humiliés par de petits hommes aux moyens limités qui avaient fondé leur stratégie sur l'audace et l'astuce. Au cours d'une guerre qui n'avait jamais été déclarée, il tomba sur le Viet-Nam plus de bombes que pendant toute la Seconde Guerre mondiale. Les Américains eurent recours à la guerre chimique et au napalm pour lutter contre les guérilleros infiltrés dans la jungle. Johnson

approuva la politique de la terre brûlée dictée par l'état-major et consola les Vietnamiens avec des phrases du genre: «Un jour, le delta du Mékong fleurira comme la vallée du Tennessee.» Il justifia les nombreux abus d'une armée qui se sentait toute-puissante. Son désir obsédant de victoire et l'augmentation progressive des effectifs stationnés au Viet-Nam soulevèrent la protestation dans le monde et lui firent perdre le soutien des jeunes et des intellectuels de tous les bords. Les principales critiques de sa politique partaient de son propre parti; des sénateurs Eugène McCarthy, Robert Kennedy et William Fulbright, principale-

ment. Ce dernier, parlant de Johnson, stigmatisa *l'arrogance du pouvoir*.

De 103 millions de dollars en 1965, les dépenses de guerre des Etats-Unis passèrent à 28 milliards pour l'année fiscale 1969. Le président américain rechercha des appuis partout en Occident afin de justifier sa politique mais il rencontra des réticences, et même une nette désapprobation de la part du général de Gaulle qui, le 1er septembre 1966 à Pnom-Penh, mit comme condition préalable à la pacification du Sud-Est asiatique le retrait des troupes américaines du Viet-Nam. Johnson ne l'entendait pas ainsi, de sorte que la protestation contre la guerre s'étendit à la planète entière et que le « Tribunal international » présidé par Bertrand Russell accusa les Etats-Unis de génocide. Alors, au cours d'un discours télévisé pathétique, apparut un Johnson vieilli et moralement défait. Il annonça la suspension pour une durée indéfinie des bombardements sur le Viet-Nam du Nord et dit son

intention de ne pas se représenter aux élections. Le destin de Johnson fut de mourir le 22 janvier 1973, à la veille des accords de cessez-le-feu.

La politique interventionniste du Président eut encore deux moments importants : l'envoi d'un corps expéditionnaire en République Dominicaine lorsqu'il pensa, en

1965, qu'un mouvement de type castriste risquait de s'y installer, et la capture d'un navire-espion dans les eaux territoriales de la Corée du Nord. Cela, ajouté à l'*escalade* vietnamienne, acheva de ruiner sa *grande société* qui se présentait comme le prolongement de la *nouvelle frontière* de Kennedy. La guerre du Viet-Nam conditionna tout son mandat et fut encore évoquée lors des conversations qu'il eut avec Kossyguine à Glassboro. A l'issue de cette réunion, les Etats-Unis et l'U.R.S.S. se mirent d'accord sur la démilitarisation de l'espace et sur la non-prolifération de l'armement nucléaire (23.VI.1967).

Il semblait qu'en la personne de Robert Kennedy qui, le 16 mars 1968, avait exprimé son intention de se préparer aux présidentielles, le Parti démocrate pût récupérer le prestige perdu. Mais, le 5 juin, après avoir remporté plusieurs élections primaires, il était victime d'un attentat à Los Angeles qui devait mettre fin à ses jours vingt-quatre heures plus tard.

Le retour des soldats américains

Au début de 1969, les rapports des services secrets américains avaient perdu tout optimisme. «Nous sommes convaincus que, malgré notre potentiel militaire, nous ne pourrons jamais vaincre dans la jungle; les bombardements sur le Viet-Nam du Nord n'auront aucun effet positif, que ce soit sur le plan militaire ou sur le plan politique.» Nixon, qui avait largement battu le démocrate Humphrey aux élections de septembre, allait transformer la *paix dans l'honneur* des derniers temps du mandat de Johnson en un *départ dans l'honneur*. Pour ce faire, il allait *vietnamiser* le conflit, c'est-à-dire substituer progressivement aux soldats américains les forces de Thieu, capables semblait-il de se défendre «seules». Le programme de *vietnamisation* permit de faire patienter l'opinion américaine, lasse de la guerre, tandis que des négociations s'ouvraient à Paris. Après la victoire de Nixon aux élections, les deux délégations sud-vietnamiennes se joignirent à la conférence qui, sans obtenir de résultats apparents et avec peu d'espoir, se réunissait une fois par semaine. Ce ne fut cependant pas avenue Kléber, où les plans de paix de l'adversaire étaient rejetés systématiquement pour des questions de principes, que fut menée à bien la négociation décisive. En août 1969, comme on allait l'apprendre

Les négociateurs Kissinger et Le Duc Tho à Paris.
En bas: le ministre des Affaires étrangères du
G.R.P. sud-vietnamien, Mme Thi Binh, à l'issue d'une
des sessions de la Conférence de Paris.

trois ans plus tard, deux négociateurs
secrets des Etats-Unis et du Viet-Nam du
Nord, Henry Kissinger et Le Duc Tho,
établirent un premier contact. Les conversations quadripartites, qui étaient continuelle-
ment interrompues, constituaient l'écran
derrière lequel se dissimulait la diplomatie
secrète. Ce type de diplomatie, dont Nixon
fut un fervent partisan, rendra possible son
voyage en Chine, en février 1972.

Le retrait progressif des soldats ne rédui-
sit pas pour autant le rythme des engagements. En mars 1970, Washington accueillit
favorablement un coup d'Etat de la droite
au Cambodge. Le prince Sihanouk, qui
avait toléré sur son territoire l'existence de
zones de passage et de ravitaillement pour
les troupes nord-vietnamiennes, était écarté
du pouvoir. Les Américains appuyant leur
protégé, le général Lon Nol, la République
cambodgienne fut proclamée. Cette situation nouvelle permit de détruire les *sanc-
tuaires* nord-vietnamiens, mais étendit du
même coup le conflit. Les offensives communistes au Viet-Nam du Sud furent sui-
vies de bombardements punitifs sur le Viet-
Nam du Nord. Au cours de la dernière
phase du conflit, au printemps 1972, les
communistes déclenchèrent une vaste offensive que suivit une riposte meurtrière,
accompagnée cette fois-ci du minage des
ports nord-vietnamiens. Depuis le mois de
mai, Kissinger et Le Duc Tho avaient

93

repris leurs négociations secrètes. Le président Nixon, qui visait un second mandat, était résolu à se présenter comme un homme qui tient ses engagements. Aussi, dans les derniers jours d'octobre, Kissinger annonçait que «la paix était à portée de la main». Date avait été prise pour la ratification du traité, mais Thieu empêcha la signature des accords dans les délais prévus. Peu représentatif du peuple vietnamien, et au surplus rarement consulté par les Américains, il pouvait craindre d'être sacrifié.

Cependant, la confortable avance de Nixon sur son rival démocrate, McGovern, permettra à la Maison-Blanche d'avoir de nouveau recours à la force entre les 18 et 29

*Le général Lon Nol qui, en 1970, instaura
au Cambodge une république de tendance
pro-américaine.
Ci-contre : Rogers signe à Paris
les accords sur le Viet-Nam.
En bas, un camp de réfugiés.*

décembre. Hanoï et Haïphong furent alors victimes des bombardements les plus dévastateurs de toute la guerre. Kissinger et Le Duc Tho se revirent en février 1973 et, le 27, les quatre délégations signaient les accords. Nixon disposait d'un délai de 60 jours pour faire rentrer les derniers *boys* et pour rapatrier tous les prisonniers détenus par Hanoï et le G.R.P. du Viet-Nam du Sud. Au cours des mois suivants, et jusqu'à ce qu'une décision soit prise à cet égard, les Vietnamiens allaient continuer à se disputer des positions. Les violations du cessez-le-feu se comptèrent par milliers. Le château de cartes vietnamien s'écroulait et les Etats-Unis n'avaient pu l'en empêcher.

*Echange de prisonniers
dans une base américaine, comme cela avait été stipulé
à la fin des hostilités.*

Depuis la nouvelle stratégie politique et diplomatique de Nixon, qui a même accepté la collaboration avec la Chine, les Etats-Unis semblent se désintéresser du Sud-Est asiatique. D'ailleurs, à l'avenir, des entreprises belliqueuses de ce genre ne leur seront plus possibles, le Sénat ayant bloqué les fonds de guerre. Le 13 juin 1973, les quatre parties se réunissaient à nouveau à Paris pour signer de nouveaux compromis assurant la réalisation des accords antérieurs. Le nouveau Président des Etats-Unis, Gerald Ford, a déclaré expressément au début de son mandat qu'il ne remettrait

pas en cause la politique extérieure de Nixon.

Nouvelles et anciennes amitiés

Lorsque Nixon arriva à Pékin le 21 février 1972, le peuple américain redécouvrit l'existence de la Chine. Elle était certes entrée à l'O.N.U. l'automne précédent pour occuper la place que Formose, maintenant expulsée, avait occupée pendant un quart de siècle. Ce jour-là les Américains virent sur les écrans de télévision leur Président aux côtés des dirigeants chinois: le drapeau rouge et la bannière étoilée flottaient côte à côte. Le dégel sino-américain avait commencé en décembre 1970 lorsque, après un voyage secret de Kissinger dans la capitale chinoise, le président Mao Tsé-toung avait fait savoir qu'il était prêt à rencontrer personnellement Nixon à Pékin. Le jour de son arrivée, le président américain fut reçu par Mao. Nixon et Chou En-laï eurent ensuite de longues conversations, à l'issue desquelles la Chine et les Etats-Unis proclamèrent leur désir de renforcer et de normaliser leurs relations, ainsi que de réduire le danger d'un conflit mondial. Chinois et Américains allaient troquer contre des sourires et des accolades les contacts difficiles qu'ils avaient maintenus, à un niveau inférieur, pendant vingt ans à Varsovie.

Moscou devait être la prochaine escale de la diplomatie du Président américain. Il s'agissait de dissiper une certaine inquiétude née du voyage de Nixon à Pékin. Cette fois encore, la rencontre avait été préparée en grand secret par le conseiller Kissinger. Du 22 au 30 mai, d'importants entretiens eurent lieu avec les dirigeants soviétiques. De nombreux accords allaient résulter de la visite de Nixon au Kremlin; les uns en faveur de la détente (limitation des systèmes anti-balistiques et des armes offensives), les autres concernant la coopération technique, scientifique, spatiale et économique. Malgré deux systèmes pourtant antagoniques, ce sera dans le domaine de l'économie que la coopération américano-soviétique rencontrera les meilleures conditions de développement — comme viendra le confirmer en juin 1973 le voyage aux Etats-Unis du premier secrétaire du Comité central du P.C. soviétique, Leonide Brejnev. A l'issue de ce voyage, il passera avec Nixon de nouveaux accords de coopération économique et commerciale, renforçant du même coup la coexistence pacifique entre les deux principaux représentants des mondes capitaliste

et socialiste. Américains et Russes passaient de la détente à l'entente.

En signant un traité selon lequel les deux superpuissances renonçaient pour une période indéfinie à l'usage des armes nucléaires dans les conflits qui pourraient surgir, Nixon et Brejnev enterraient la guerre froide. Brejnev exprima le désir de rencontrer à nouveau le président des Etats-Unis au Kremlin en 1974.

Libéré du poids du Viet-Nam, Nixon se tourna, à partir de 1973, vers l'Europe qui lui posait des problèmes commerciaux, monétaires et politiques; c'est une alliée par la force des choses qui critique toute décision venue d'outre-Atlantique.

Au début de son mandat, Nixon avait fait deux voyages en Europe. En février 1969, il se rendit à Bruxelles, Londres, Bonn, Berlin, Rome et Paris, où il rencontra un de Gaulle qui aimait à déclarer que l'Europe pouvait se suffire à elle-même dans tous les domaines, y compris celui de la défense. En octobre 1970, il compléta la liste des pays visités en allant à Rome, Belgrade, Madrid, Londres et Dublin. Il fera par deux fois un voyage en terre neutre, aux Açores (décembre 1971) et en Islande (mai-juin 1973), afin de rencontrer Pompidou, qui n'avait pas renoncé à la politique extérieure du Général. Kissinger proclama 1973 «Année de l'Europe» et, le 29 avril, il annonça la nécessité d'élaborer une nouvelle Charte de l'Atlantique qui ferait supporter à l'Europe le coût de sa défense sans pour autant lui attribuer le pouvoir de décision que ce transfert implique. Sur le plan commercial, Washington préconisa une large communauté atlantique de libre-échange, que l'Europe considérait comme une tentative d'entraver la croissance de la C.E.E. Au niveau de leur politique monétaire, les Etats-Unis feront peu de cas des recommandations européennes en faveur du retour à la convertibilité du dollar, donnant la priorité à la négociation commerciale sur la réforme du système monétaire international. Washington savait qu'elle dispose pourtant d'alliés fidèles dans l'Ancien

Un continent dans les mires de la VIIe flotte

L'occupation japonaise de la Chine et la Seconde Guerre mondiale ne constituèrent qu'une pause, qui fut parfois mise à profit, dans la stratégie de la *longue marche* de Mao Tsé-toung. Commencée en 1927, à partir d'un mouvement fondé sur la paysannerie, elle aboutira à l'instauration du socialisme dans le vieil empire. Les communistes de Mao Tsé-toung et les nationalistes de Tchang Kaï-chek avaient observé une trêve pour faire face à l'occupation. La guerre s'achevait avec la reddition du Japon lorsque la guerre civile reprit en Chine. Le général Marshall, ambassadeur américain en poste à Pékin, put alors constater que les machines et le matériel de guerre en provenance des Etats-Unis étaient en train de rouiller dans les ports nationalistes. Il n'ignorait pas que le gouvernement de Tchang Kaï-chek était miné par la corruption et que les vivres envoyés gratuitement par Washington étaient revendus au peuple chinois. Au cours de la guerre, le dollar avait atteint une valeur trois fois plus grande dans les provinces aux mains des communistes que dans celles contrôlées par l'armée nationaliste. Des divisions entières de Tchang Kaï-chek passaient avec armes et bagages dans l'armée de Mao. Marshall

Monde et qu'elle n'a pas besoin de rompre leur unité au cours des négociations. Tandis que l'on dénonçait en Europe la dernière tentative des Américains de maintenir leur emprise, Nixon préparait son troisième voyage sur le continent (1973). Il sera marqué par une nouvelle offensive diplomatique. Sur le plan intérieur américain, le scandale du Watergate a éclaté en juin 1972 avec la découverte d'une tentative d'espionnage au quartier général des Démocrates au cours de la campagne présidentielle de 1972. Nixon, discrédité, devra démissionner le 9 août 1974 et céder son poste à Gerald Ford. Le départ de Nixon marque le retour aux Etats-Unis d'une influence plus prononcée du Parlement, et en particulier du Sénat.

savait qu'il serait impossible de gouverner la Chine sans les communistes. Le 10 janvier 1946, à Nankin, il parvint à réunir Tchang Kaï-chek, Mao Tsé-toung et Chou En-laï. Ils espérait les convaincre de former, à eux trois, un gouvernement de coalition, mais les positions étaient inconciliables. Il ne réussit à obtenir qu'une trêve, et encore ne fut-elle respectée par aucune des parties. Le territoire contrôlé par les communistes avec l'appui de la population rurale ne cessait de s'accroître.

Après la bataille de Huau Haï, au cours de laquelle s'affrontèrent 600 000 hommes pendant trois mois (octobre 1948-janvier 1949), l'avance communiste devint impossible à contenir. Pékin tomba en janvier,

puis ce fut le début d'une vaste offensive en direction des rives du Yang-Tseu-Kiang; une fois ce dernier traversé, les communistes allaient contrôler l'ensemble du territoire. Tchang Kaï-chek se réfugia dans l'île de Formose avec les restes de son armée. C'est alors qu'a commencé la grande fiction des deux Chines : l'une, installée dans une île occupée pendant quarante ans par les Japonais, constituée en tout et pour tout des trois millions de Chinois qui suivirent l'armée vaincue, aura un représentant permanent au Conseil de sécurité; l'autre, composée de quelque sept cents millions d'habitants, sera exclue de la communauté des nations et ignorée de l'O.N.U. Le 1er octobre 1949, Mao Tsé-toung proclamait la

*Mao Tsé-toung avec celui qui fut son dauphin, Lin Piao,
au temps de la Révolution culturelle. Selon la version officielle,
celui-ci devait périr alors qu'il tentait de s'enfuir en U.R.S.S.
A droite, le contraste permanent entre les méthodes
de travail ancestrales et la technologie moderne chinoises.*

République populaire sur la place Tien An Men à Pékin.

Face aux canons américains, Mao Tsé-toung se lie à l'U.R.S.S. par un pacte d'amitié, d'alliance et d'aide mutuelle (1950). Le temps est encore loin où les thèses des deux pays, issues d'une même idéologie, allaient s'affronter.

En 1954, l'U.R.S.S. aida la Chine à fabriquer sa bombe atomique. Les techniciens soviétiques arrivèrent en grand nombre à Pekin, où l'on pratiquait la manière douce et antidogmatique. «Nous disons aux écrivains et aux artistes: laissez fleurir cent fleurs. Nous disons aux scientifiques: faites en sorte que cent écoles entrent en compétition», déclarera Mao Tsé-toung en 1957. La Chine, tournée vers le Tiers monde, accueillit mal la critique de Staline par Khrouchtchev qui, à ses yeux, montrait le mauvais exemple aux pays qui suivaient l'expérience socialiste; aussi, au fur et à mesure que progressait la coexistence pacifique, commença-t-elle à prendre ses distances vis-à-vis de l'U.R.S.S. Les dirigeants de Pékin se souciaient peu que plusieurs millions de Chinois puissent mourir au cours d'un conflit. A la longue, c'étaient les autres qui avaient le plus à perdre! Au moment où la Chine mettait sur pied ses communes populaires, en 1958, Khrouchtchev parlait ironiquement du «raccourci chinois vers le communisme».

Ayant pour point de départ les structures paysannes, la voie chinoise s'annonçait difficile et pénible. Tandis que Khrouchtchev rêvait de dépasser les Etats-Unis sur le terrain du bien-être social et qu'il commençait à promettre des stimulants matériels, les Chinois exigeaient effort et volontarisme. En 1957, en décrétant le *grand bond en avant*, ils s'efforcèrent de fabriquer de l'acier dans des hauts fourneaux rudimentaires installés dans les campagnes! En 1960, l'U.R.S.S. retirera ses techniciens de Chine et 179 programmes industriels seront abandonnés.

L'O.N.U. devient réaliste

La Chine a vécu retirée derrière sa nouvelle muraille du fait de la quarantaine imposée par les Etats-Unis et de l'inimitié du bloc socialiste européen — où elle ne peut compter que sur la seule amitié inconditionnelle de l'Albanie. Cependant, son influence ne cesse de croître dans les pays du Tiers monde; le marxisme jaune y est toujours mieux accueilli que le marxisme blanc. Le rapprochement avec Pékin montre qu'à l'instar de Mao l'on prend ses distances avec les deux Grands; c'est ce qui poussera de Gaulle, en 1964, à reconnaître la Chine. Ainsi commencera la nouvelle approche vers les pays socialistes désireux d'acquérir leur indépendance diplomatique, comme la Roumanie et la Yougoslavie.

La Chine peut être considérée comme une super-puissance depuis 1964, année où elle fit exploser sa première bombe ato-

mique. Trois ans plus tard, elle possédait la bombe à hydrogène, qui échappe au contrôle des traités internationaux de la même manière que la «force de frappe» des Français. La Révolution culturelle débuta en 1969. Ce vaste mouvement d'épuration, encouragé par Mao Tsé-toung, mettra aux prises la ville et la campagne, les étudiants et les professeurs, l'armée du peuple et la hiérarchie. Il fera s'affronter ceux qui sont convaincus des racines chinoises de la Révolution et ceux qui proposent un nouveau rapprochement avec l'U.R.S.S. — parmi lesquels se trouve le président de la République, Liou Chao-chi. C'était, en quelque sorte, l'origine paysanne et populaire de la Révolution qui se heurtait à la révision et à la bureaucratie. Le processus, animé par Lin Piao et ses fougueux gardes rouges, s'étendra à la Chine entière. Celle-ci devra

approfondir la pensée de Mao Tsé-toung recueillie dans un manuel, le «Petit Livre rouge». Mais la Révolution culturelle ne pouvait être permanente à l'intérieur de la Révolution chinoise. Au bout de quatre ans, Mao Tsé-toung décrétera le retour des

> *Tous les réactionnaires sont des tigres en papier. Ils semblent redoutables, mais, en réalité, ils ne sont pas si puissants. Si l'on considère les choses en perspective, ce ne sont pas les réactionnaires mais le peuple qui est véritablement puissant.*
>
> MAO TSE-TOUNG
> (Août 1946. Interviewé par un journaliste américain.)

gardes aux champs et Lin Piao sera mystérieusement éliminé. Lorsque la Chine décidera de faire preuve de réalisme politique et fera les premiers pas en vue du dégel diplomatique avec les Etats-Unis, les cadres du parti et de l'armée seront épurés. En juin 1971, Washington et Pékin annoncèrent simultanément que Nixon se rendrait à Pékin avant le mois de mai de l'année suivante.

La reconnaissance d'une seule Chine, la Chine populaire, n'allait plus tarder. Son intégration aux Nations Unies, après vingt ans de tentatives infructueuses, ne serait maintenant plus une difficulté, malgré la prise de position des Etats-Unis, en 1961, selon laquelle l'entrée de la Chine était « matière importante », exigeant une majorité des deux tiers des voix. En 1971, 76 Etats votèrent en faveur de la motion albanaise — qui demandait, en outre, l'expulsion de Taïwan ; 35 pays allaient s'y opposer et 17 s'abstenir. Les lamentations du secrétaire d'Etat William Rogers, après le vote,

n'auraient pour but que la dissimulation du désir des Etats-Unis d'éliminer tout obstacle à leur rapprochement avec la Chine. Avec le voyage de Nixon à Pékin, la Chine sera proclamée une et indivisible. Taïwan, l'ancien *bastion avancé de l'Occident*, deviendra un problème territorial que les Chinois devront régler entre eux.

En 1972, la Chine commencera à se réconcilier avec son vieil ennemi et voisin, le Japon, devenu alors une super-puissance économique et technologique.

La division de la Corée

Si la fin de la Seconde Guerre mondiale fut marquée, en Europe, par la jonction des troupes soviétiques et américaines sur l'Elbe, en Corée, les deux armées s'arrêtèrent sur le 38e parallèle qui, dès lors, allait séparer en deux zones d'influence une péninsule qui avait été occupée pendant quarante ans par les Japonais. En décembre 1945, pourtant, au cours de la conférence

des ministres des Affaires étrangères à Moscou, l'on s'était mis d'accord pour favoriser la formation d'un gouvernement unique, qui résulterait d'élections libres. En 1947, les Etats-Unis mettaient unilatéralement à l'ordre du jour d'une session des Nations Unies la question de ces élections. Le fait que les Soviétiques n'acceptèrent pas le contrôle des observateurs de l'O.N.U. dans leur zone d'occupation précipita au Sud la tenue de réunions électorales et la proclamation de la République démocratique de Corée du Sud (août 1948). Son président allait être le vieux Syngman Rhee. En 1919, il avait déjà pris la tête d'un gouvernement coréen en exil et avait passé trente-sept ans

de sa vie aux Etats-Unis. La République populaire de Corée du Nord, dirigée par Kim Il Sung, était proclamée un mois plus tard. L'U.R.S.S. et les Etats-Unis pouvaient rapatrier leurs troupes, étant donné qu'ils laissaient derrière eux des gouvernements amis et fidèles.

Les incidents de frontière allaient se succéder au cours des années suivantes. L'exécution de trois émissaires venus du Nord, en juin 1950, pour traiter de la réunification, décida-t-elle le gouvernement communiste à entreprendre l'invasion du Sud? L'on n'a jamais pu répondre en toute certitude à cette question. Il est indubitable, en revanche, que la décision de Pyongyang de

A gauche: une colonne de réfugiés nord-coréens se dirigeant
vers le sud après l'occupation communiste.
Ci-dessous: Ho Chi-Minh, la cheville ouvrière
de l'indépendance vietnamienne.

réunifier le pays par les armes, en faisant traverser la frontière à 70000 soldats de la République populaire, le 25 juin 1950, surprit autant les Soviétiques que les Chinois. Le président Truman se devait d'offrir quelque compensation à ceux qui avaient été déçus par l'échec de Tchang Kaï-chek, et qui prônaient la doctrine de l'endiguement. Aussi, deux jours plus tard, ordonnait-il aux forces navales et aériennes des Etats-Unis de couvrir et d'appuyer le Gouvernement sud-coréen. Cette opération serait approuvée par les Nations Unies où l'influence américaine était prépondérante, les Etats-Unis exploitant l'absence du représentant soviétique! Les soldats du Nord, qui avaient occupé en quelques semaines les trois quarts du territoire sud-coréen, furent repoussés par le corps expéditionnaire envoyé par les Américains et dirigé par McArthur. Celui-ci voulait non seulement rétablir la frontière du 38ᵉ parallèle, qui fut atteinte le 30 septembre, mais aussi réunifier la Corée sous le drapeau du Sud et pour le compte des Etats-Unis. Le gouvernement communiste avait peu de chances de survivre, lorsque, à fin novembre, Mao envoya des «volontaires». L'entrée de la Chine dans le conflit sera fatale à McArthur. En effet, le proconsul américain dans le Pacifique fut destitué en avril 1951; en juillet, commençaient des conversations d'armistice qui allaient se prolonger pendant deux ans... pour aboutir à la division de la Corée.

Le 4 juillet 1972, les deux Corées, qui peu de temps avant avaient repris contact à pro-

pos du regroupement des familles, engageaient des négociations en vue de réunifier la péninsule. Il avait fallu vingt-cinq ans de dissensions pour en arriver là!

Viet-Nam: trente ans de guerre

L'origine de la position acquise par le Viet-Nam dans le contexte mondial des

Combats au cours du siège de
Dien-Bien-Phu.
A droite : le général Giap, principal stratège
de la lutte contre les Français,
puis contre les Américains.

guerres de décolonisation, au cours des années soixante, remonte à l'époque du Second Conflit mondial, lorsque le *Viet-minh*, fondé par Ho Chi-Minh en 1941, s'engagea dans une lutte d'opposition aux *fascistes franco-nippons*. Contrairement à ce qui se passait dans d'autres territoires français d'outre-mer, l'on ne se battait pas ici pour la France libre, mais pour conquérir l'indépendance d'un Etat qui devrait porter le nom de Viet-Nam. Ho Chi-Minh, qui s'appelait encore Nguyen Ai Quoc, faisait la distinction entre les Français ralliés à l'Axe et ceux qui combattaient pour la France libre, dans l'espoir que ces derniers, au nom de la démocratie, accueilleraient favorablement les désirs d'indépendance des peuples d'Indochine. Cependant, le 25 mars 1945, le Gouvernement provisoire du général de Gaulle rendait public son programme concernant l'avenir de ces régions. On y prévoyait de constituer une fédération formée du Tonkin, de l'Annam, de la Cochinchine, du Cambodge et du Laos, placée sous le contrôle de l'administration colo-

niale. Ho Chi-Minh, qui espérait regrouper les territoires du Tonkin, de l'Annam et de la Cochinchine en un Etat vietnamien, attendit le moment favorable à l'accomplissement de ses projets. Celui-ci se présenta après que les bombes atomiques lancées sur Hiroshima et Nagasaki vinrent confirmer l'écrasement japonais. Profitant alors du vide créé par la défaite, Ho Chi-Minh lança un appel à l'insurrection générale. Le 2 septembre, il proclama la République démocratique du Viet-Nam qui comprenait les trois territoires en question. Le 23 septembre, Français et Britanniques, alliés dans la sauvegarde de leurs possessions coloniales, occupaient Saigon afin d'y rétablir l'ordre. Le 2 mars 1946, Ho Chi-Minh fut élu président de la République démocratique du Viet-Nam qui, bien qu'Etat associé de la Fédération indochinoise, n'en revendiquait pas moins la Cochinchine, au sud, où elle avait de nombreux guérilleros, mais que la France désirait conserver à cause de ses richesses. Le leader vietnamien allait engager de longs pourparlers avec le représentant français Sainteny et le haut-commissaire Leclerc, se rendant même à Paris pour assister aux conversations sur l'intégrité du territoire. Après plusieurs mois de négociations, Ho Chi-Minh obtint seulement de la France qu'elle organise un référendum afin que les habitants de cette zone puissent décider eux-mêmes de leur avenir. Cependant, le Sud ne fut jamais consulté. Les troupes françaises bombardèrent Haïphong et occupèrent Hanoï; la guerre coloniale reprenait. Ho Chi-Minh lança alors un nouvel appel à son peuple: «Luttez avec tous les moyens dont vous disposez...»

Au cours des années suivantes, le Vietminh allait harceler sans relâche l'armée française qui ne parviendrait pas à progresser et devrait augmenter constamment le nombre de ses soldats. Afin de dissimuler les desseins coloniaux de sa lutte, Paris rechercha une autorité vietnamienne: l'empereur en exil Bao-Daï, qui serait installé à Saigon. Depuis 1951, la France recevait une aide économique des Etats-Unis pour continuer le combat en Indochine. En 1953, les Français préparèrent une grande offensive contre les zones de ravitaillement du Vietminh, au nord, créant à cette fin la base de Dien-Bien-Phu, où six bataillons furent regroupés autour d'une piste d'atterrissage. Le 13 mars 1954, sous le commandement du général Nguyen Giap, le Vietminh s'attaquait aux défenses de la base. Le siège dura cinquante-cinq jours. Le 7 mai, Dien-Bien-Phu tombait aux mains des rebelles qui faisaient du même coup 10000 prisonniers français. Depuis le mois d'avril se tenait à Genève la conférence pour la pacification du territoire, à laquelle participèrent des représentants de la France,

de la Grande-Bretagne, des Etats-Unis, de l'U.R.S.S., de la Chine populaire, du Cambodge, du Laos, du Viet-Nam de Bao-Daï et du Viet-Nam de Ho Chi-Minh. L'armistice fut signé le 21 juillet. Le territoire serait provisoirement divisé à la hauteur du 17e parallèle: les troupes françaises seraient évacuées et aucun pays ne pourrait fournir de renforts militaires aux deux parties. Des élections pour la réunification étaient prévues. Entre-temps, aucune des deux zones ne pourrait contracter des alliances militaires; le Nord serait contrôlé par le Vietminh et le Sud par l'empereur Bao-Daï et le

gouvernement de Ngo Dinh Diem — qui allait bientôt décider de l'exil définitif du souverain. En outre, l'indépendance du Cambodge et du Laos était reconnue.

La réunification du Viet-Nam était prévue pour 1956. L'année s'écoula sans qu'il fût question de consultation. Diem, qui avait proclamé la République du Viet-Nam du Sud en 1955, déclencha une violente répression contre tous les dissidents. A cette époque, les premiers conseillers militaires américains étaient déjà en poste à Saigon. La lutte contre Diem allait s'amplifier au cours des années suivantes. Le 20 décembre 1960, le Front national de libération du Viet-Nam du Sud, le *Vietcong*, était formé : la lutte contre le régime de Diem, jusqu'alors fragmentée, devenait une guerre ouverte. Washington augmentera le nombre de ses experts jusqu'à ce que — comme nous l'avons vu plus haut — les Etats-Unis entrent carrément en guerre avec l'espoir de vaincre. Mais, comme l'avait annoncé Ho Chi-Minh, le tigre saignerait l'éléphant, et, plus de trente ans après que le vieux dirigeant vietnamien (mort le 3 septembre 1969) eut engagé son peuple contre les occupants japonais, de nouveaux accords étaient signés à Paris après de longues et délicates négociations.

Vous avez exprimé dans votre lettre le désir d'aboutir à une paix juste. Pour cela, les Etats-Unis doivent cesser leur guerre d'agression et retirer leurs troupes du Viet-Nam du Sud, respecter le droit de la population sud-vietnamienne à disposer d'elle-même, sans ingérence étrangère.

HO CHI-MINH
(25 août 1969. Lettre adressée à Nixon peu de temps avant la mort du dirigeant nord-vietnamien.)

*A gauche : du matériel de guerre américain sur une base
du Viet-Nam du Sud.
Ci-dessous, des guérilleros guatémaltèques après la chute
du colonel Jacobo Arbenz, dont les projets réformistes furent
stoppés par l'intervention américaine.*

Un sous-continent qui ne veut pas dépendre du Nord

En 1952, un jeune colonel guatémaltèque, Jacobo Arbenz, qui avait été élu à la présidence de la République, promulguait une loi de réforme agraire inspirée du modèle mexicain. Cette loi intéressait les biens-fonds de la United Fruit Co., véritable Etat dans l'Etat, dirigé des Etats-Unis, qui exerçait sa domination sur plusieurs pays d'Amérique centrale. En outre, la United Fruit était propriétaire de routes, de chemins de fer, de navires et de lignes télé-

Castillo Armas se trouvaient encore loin de
la capitale, le « révolutionnaire » se réfugia à
l'ambassade mexicaine, sans même avoir
essayé d'armer la population. Le garrot des
Etats-Unis avait fonctionné à merveille et la
United Fruit était rétablie dans ses droits.

Les «barbudos» à La Havane

Le 26 juillet 1953, un groupe de jeunes
Cubains aux idées socialisantes et animés
d'un désir de réforme, essayèrent de
prendre d'assaut une caserne de Santiago.
Ils s'étaient regroupés autour du jeune avocat Fidel Castro et désiraient faire tomber le
dictateur Fulgencio Batista. Mais l'opération, qui consistait à prendre successive-
ment une caserne, une ville, une province
puis l'ensemble du pays, échoua. Après un
séjour dans les prisons de Batista, les survivants se regroupèrent au Mexique où, en
1956, ils se préparèrent à débarquer dans
l'île. Le médecin argentin Ernesto «Che»
Guevara, qui s'était enfui du Guatemala à la
chute d'Arbenz, se trouvait parmi eux. Le 2
décembre 1956, Fidel Castro prenait à nouveau le chemin de Cuba. Sur les quatre-
vingt-deux personnes qui quittèrent le
Mexique à bord du *Gramma*, douze seulement survécurent. Elles s'établirent dans la
Sierra Maestra, à l'est de l'île, et déclenchèrent la guérilla contre le dictateur. Un
halo romantique entoura les *barbudos* (les

phoniques. Et surtout, elle estimait qu'elle
devait rester maîtresse des décisions politiques touchant les régions où s'étendait
son empire bananier.

Tandis que le président Arbenz était
acclamé par la population, pour avoir mis,
entre autres, en place un début de sécurité
sociale, à Washington, les frères John et
Allen Dulles, au nom de la sécurité de la
zone, prenaient la décision de déposer le
colonel qu'ils qualifiaient de communiste.
Le 17 juin 1954, un millier de Guatémaltèques exilés, auxquels s'étaient joints des
Dominicains, des Honduriens et des Nica-
raguayens, pénétrèrent au Guatemala en
partant du Honduras, couverts par des
avions américains banalisés. Trahi par son
état-major, Arbenz annonça sa démission à
la radio le 27 juin. Alors que les troupes de

barbus) de Fidel dont le nombre se mit à augmenter avec une extraordinaire rapidité.

En janvier 1959, l'armée rebelle victorieuse s'installait à La Havane. Les premières mesures du nouveau chef du Gouvernement, Fidel Castro, seront l'abaissement des prix des loyers et l'abolition du jeu. Il définit sa future politique comme un nouvel humanisme: «Pas de pain sans liberté, pas de liberté sans pain.» Les Etats-Unis et les propriétaires terriens cubains ne s'inquiétèrent de ce programme qu'à partir du 17 mai, date à laquelle fut édictée la réforme agraire. En octobre, des avions non identifiés, provenant de Floride, lancèrent des bombes incendiaires sur les plantations. Castro se faisait gênant, d'autant plus que, devant le refus des raffineries américaines de lui fournir du carburant, il venait de signer un contrat avec l'U.R.S.S. pour l'acquisition de pétrole. Ceux qui, alors, avaient pris Fidel Castro pour un vulgaire fomentateur de coups d'Etat, commencèrent à reconnaître leur erreur. Le 6 juillet 1960, les Etats-Unis suspendaient leurs achats de sucre cubain, ce qui marqua le début de la nationalisation des entreprises américaines. Le 3 janvier 1961, Washington rompit ses relations avec Cuba, qui venait d'annoncer sa volonté de resserrer ses liens avec les pays socialistes, et, en avril, les Américains débarquèrent dans la baie des Cochons. Cette invasion contre-révolutionnaire fut écrasée en deux jours par les milices. Elle allait provoquer la socialisation de la Révolution cubaine.

Le 1er mai, la République de Cuba se proclamait socialiste et, le 1er décembre, le caractère marxiste-léniniste de la Révolution était confirmé. Dès lors, les interventions américaines allaient céder le pas à une politique plus indirecte qui se traduira notamment par le blocus économique de l'île. Le 31 janvier 1962, à Punta del Este,

---

Car ceux qui ont le sens de l'humain ont dit: « Assez! » et ils se sont mis en marche. Et cette marche de géants ne s'arrêtera plus jusqu'à la conquête de la véritable indépendance, pour laquelle ils se sont fait tuer plus d'une fois inutilement. Quoi qu'il arrive, ceux qui mourront maintenant mourront comme ceux de Cuba, comme ceux de Playa-Girón: ils mourront pour leur indépendance véritable et à laquelle ils ne veulent pas renoncer.

FIDEL CASTRO
(4 février 1962. Seconde Déclaration de La Havane.)

Castro lors d'un grand rassemblement de masses sur la place de la Révolution, à La Havane.

Entre «l'Alliance pour le Progrès» et le guevarisme

Cuba, dont certains journaux latino-américains allaient avoir le mauvais esprit d'écrire le nom avec un K, constituait une menace permanente pour la stabilité politique du continent. Kennedy n'ignorait pas que le mécontentement des masses était le meilleur bouillon de culture d'un nouveau processus révolutionnaire de type castriste. Afin d'éviter le recours à l'intervention militaire, toujours contestable, le Président américain allait faire ratifier un projet d'Alliance pour le Progrès: au cours des dix années suivantes, 20 milliards de dollars seraient consacrés au développement de l'infrastructure des vingt pays signataires de la charte de Punta del Este (17.VIII.1961). Nixon, cependant, enterra par la suite cette alliance, après avoir constaté son échec.

En 1970, les pays latino-américains manifestèrent leur mécontentement. L'argent de Washington avait été mal administré, leur dette extérieure s'était augmentée, et le taux de croissance de ces nations se trouvait fortement réduit. Les pays amis des Etats-Unis réclamaient maintenant un meilleur prix pour leurs matières premières et accusaient l'Alliance pour le Progrès de n'avoir été qu'un cataplasme posé sur une tumeur cancéreuse, certains parlaient même d'un instrument de pénétration américaine mani-

Cuba se verra expulsée de l'O.E.A. Quatre pays seulement maintiendront leurs relations avec l'île: le Chili, la Bolivie, l'Uruguay et le Mexique. Mais en octobre 1964, à Washington, l'O.E.A. décidera de prendre des sanctions collectives. Seul le Mexique résistera à la pression des Etats-Unis, les autres nations, soumises à la tutelle américaine, devant céder à la politique de représailles.

Le corps d'Ernesto «Che» Guevara, transporté par les rangers boliviens qui lui ont donné la mort.

pulé par le Département d'Etat et Wall Street.

Dès ses premières difficultés avec les Etats-Unis, Cuba avait encouragé les insurrections latino-américaines. Jusqu'en 1968, La Havane appuiera un seul moyen de libération : la guérilla. Les Cubains lancèrent l'anathème sur les partis communistes qui, dans chaque pays, tentaient de se maintenir dans le cadre de la légalité. Leurs critiques visaient également l'U.R.S.S., pour le rôle dominant qu'elle tentait de jouer dans le mouvement communiste mondial. Ils l'accusaient aussi d'accorder des crédits à des régimes qualifiés par La Havane d'oligarchiques et répressifs. Moscou voyait dans les guérillas une forme dangereuse et infantile de l'«aventurisme». En 1965, «Che» Guevara abandonna toutes les responsabilités que lui avait confiées la Révolution pour aller créer un foyer de rébellion quelque part en Amérique. Dans un message envoyé à La Havane, il rappelait qu'il était nécessaire de créer «deux, trois, plusieurs Viet-Nam...». Cependant, la résistance à la guérilla ne cessait de se perfectionner. Les officiers latino-américains passaient maintenant plusieurs mois dans des écoles de lutte anti-subversive mises en place par les Etats-Unis, dont les attachés militaires se révélaient être de véritables spécialistes. Les guérilleros subirent plusieurs revers dans toute l'Amérique du Sud

et, le 8 octobre 1967, les autorités boliviennes déclaraient avoir capturé et exécuté le légendaire «Che».

Il est difficile de savoir dans quelle mesure la mort du chef cubain poussa La Havane à modifier sa stratégie. Toujours est-il que, à partir de ce moment, les déclarations solennelles en faveur des mouvements de guérilla furent modérées, le point de vue cubain se rapprochant du réalisme soviétique. La reconnaissance de Castro par l'U.R.S.S., en 1968, allait finalement coûter fort cher à celle-ci puisque, pour survivre,

négociations s'engagèrent entre les Etats-Unis et Cuba en vue de la signature d'un traité d'extradition des auteurs de détournements d'avions — traité qui devait entrer en vigueur dès 1973.

La fin du trujillisme et le débarquement des «marines»

En l'an 31 de «l'Ere Trujillo», le 30 mai 1961, un commando de dix personnes exécutait, dans la banlieue de Saint-Domingue — alors Ciudad Trujillo —, l'Honorable Président de la République, le Bienfaiteur de la Patrie et le Reconstructeur de l'Indépendance Financière, Son Excellence le Généralissime Dr Rafael Leonidas Trujillo, chef du pays, honoré par l'érection de deux mille statues le représentant. L'avocat Joaquim Balaguer occupa symboliquement la présidence. Les frères et les fils du dictateur tentèrent de poursuivre son œuvre, jusqu'au moment où, sous la pression d'un peuple qui commençait à se réveiller, ils durent prendre le chemin de l'exil où les avaient précédés leurs immenses richesses. En février 1963, la République Dominicaine se déterminait par voie constitutionnelle. L'avocat Juan Bosch, qui avait passé plus de vingt-cinq ans en exil, accédait à la présidence, mais il dut abandonner ses fonctions au mois de septembre, après un coup d'Etat. Solidaires d'un peuple qui avait été

le régime de son protégé aurait besoin d'une aide matérielle évaluée à un million de dollars par jour. En contrepartie, Cuba s'engageait à soutenir des mouvements tels que celui qui se développa à la suite des élections au Chili, Castro condamnant alors les factions situées à la gauche d'Allende. Le gouvernement mis en place par les militaires réformistes péruviens recevra aussi son appui. Plus tard, l'aéroport de La Havane cessa même d'être le point de chute des avions détournés aux Etats-Unis. En 1972, par l'intermédiaire de la Suisse, des

privé de garanties constitutionnelles pendant plus d'un quart de siècle, les libéraux et les progressistes allaient promouvoir un retour à la Constitution de 1963. A cette fin et au nom du président déposé, un groupe de jeunes officiers, avec à sa tête, le colonel Francisco Caamaño, se souleva le 24 avril 1965. Pendant vingt-quatre heures, l'enthousiasme régna dans la capitale. Mais déjà l'ambassadeur américain avait fait appel à la politique du «grand garrot», demandant «protection pour la vie et les biens des citoyens américains». Les *constitutionnalistes* s'affrontèrent au sein du commandement suprême de l'armée, dirigé par les généraux d'extrême-droite Wessin et Imbert Barrera. Le 27 avril, 22 000 *marines* et parachutistes des Etats-Unis mettaient pied sur l'île, tandis que trente-sept unités navales jetaient l'ancre au large des côtes dominicaines. Le 3 mai, Caamaño était élu président provisoire de la République par le Congrès rétabli.

Les Etats-Unis justifièrent alors leur opération auprès de l'O.E.A. qui instituera une prétendue Force inter-américaine de Paix, avec le seul appui des Etats d'Amérique centrale les plus inféodés à Washington, les grands pays d'Amérique latine s'étant abstenus d'y participer. En septembre, après quatre mois de lutte, les deux factions de l'armée signèrent une réconciliation théorique. Le danger castriste que les Etats-Unis craignaient fut écarté grâce à une intervention américaine indirecte. Joaquin Balaguer sortira vainqueur des élections de 1966 — au cours desquelles l'on fit toutes sortes de difficultés au candidat Juan Bosch — et remportera aussi celles de 1970. Le général Wessin, candidat aux élections de 1970, fut obligé de s'exiler en été 1971 pour s'être à nouveau laissé tenter par la conspiration. Quant à Francisco Caamaño, après avoir accepté dans un premier temps le poste obscur d'attaché militaire à l'ambassade dominicaine de Londres (qu'il devait abandonner

A gauche: des soldats américains dans les rues de Saint-Domingue.
Ci-contre: le président péruvien, Juan Velasco Alvarado, et les généraux Mercado et Jilardi, avec Fidel Castro, durant la visite effectuée par celui-ci au Pérou en décembre 1971.

en 1967), il mourut en février 1973 alors qu'il tentait de débarquer sur l'île à la tête d'un groupe de guérilleros.

« Voies » nouvelles et anciennes

Lorsque, le 3 octobre 1968, un groupe de militaires péruviens déposait le président Fernando Belaunde Terry, l'on put croire qu'il s'agissait d'un chapitre de plus dans l'histoire de la longue tradition des coups d'Etat latino-américains. Cependant, dans ce cas précis, les constantes se trouvaient modifiées. Le général Juan Velasco Alvarado, ainsi que les militaires qui le secondaient, ne cherchèrent pas à s'enrichir, pas plus qu'ils n'essayèrent de sauver le patrimoine des classes dirigeantes, sous le couvert de discours révolutionnaires et patriotiques enflammés. Non, les Péruviens employaient maintenant un langage nouveau: indépendance économique du pays, développement dans la liberté retrouvée, participation des travailleurs à la gestion des entreprises, totale souveraineté diplomatique. Washington ne pouvait comprendre l'évolution de l'armée qui, peu de temps auparavant, avait pourchassé les guérilleros. La première mesure du gouvernement militaire fut de nationaliser sans indemnisation les biens de la compagnie pétrolière I.P.C., à laquelle Belaunde s'était

engagé à verser 144 millions de dollars. Velasco Alvarado, qui déclarait n'être inféodé à aucune idéologie, allait étendre la juridiction des eaux péruviennes à 200 milles. Cette décision sera à l'origine de fréquents conflits avec les pêcheurs des Etats-Unis, où des voix ne manquèrent pas de s'élever pour exiger de sévères mesures de rétorsion contre le régime arrogant de Lima. Mais le bon sens, ainsi que les échecs successifs de la politique de représailles américaine firent que les sanctions ne furent jamais appliquées. Les militaires péruviens, dont la nouvelle mentalité semble s'étendre aujourd'hui à d'autres pays d'Amérique latine, ont mis en place la réforme agraire, réglementé les investissements étrangers sans hypothéquer les intérêts nationaux et étendu les nationalisations. Enfin, en juillet 1972, sans consulter personne, ils établirent des relations diplomatiques avec le monde entier, envoyant un ambassadeur à La Havane.

Au Chili, toutes les tentatives de réforme

se firent par voie constitutionnelle. Le 4 septembre 1970, pour la première fois dans l'histoire des Amériques, une coalition de gauche, dans laquelle figuraient des communistes, remporta les élections. Le succès de l'Unité populaire chilienne allait pousser, en 1971, la gauche uruguayenne à présenter un Front élargi; mais elle ne rencontra pas le succès escompté. Le cheminement de la gauche chilienne au pouvoir — elle ne disposait pas de la majorité des voix aux Chambres — semblait long et pénible. L'opposition venait de deux fronts: de l'extrême-gauche, ou des groupes impatients réclamaient la rupture avec la légalité, et de la droite, où la Démocratie-chrétienne, liée à l'extrême-droite, fit systématiquement obstacle à toutes les réformes entreprises par les cabinets successifs de Salvador

Allende. Le gouvernement d'Unité populaire avait rétabli les relations avec Cuba et nationalisé le cuivre; ce fut la seule mesure pour laquelle il reçut un appui unanime. Sur tous les autres fronts, il lui fallut faire face à des difficultés croissantes. Quant aux Etats-Unis, ils allaient répliquer à la politique de nationalisations par des sanctions économiques, créant ainsi de nouveaux problèmes à un gouvernement qui avait hérité d'une dette extérieure énorme.

D'autre part, l'opposition chilienne fit régner une atmosphère de guerre civile. La responsabilité incombera à la Démocratie-chrétienne, prétendument réformiste, d'avoir stimulé chez les mineurs et les propriétaires de camions de longues grèves qui allaient conduire le pays à la ruine. L'extrême-droite eut recours aux sabotages et aux attentats. Le 11 septembre 1973, l'armée fomenta un coup d'Etat au cours duquel Allende devait mourir en défendant la légalité démocratique. Les victimes de la répression se comptèrent par milliers. Les militaires déclareront s'être soulevés au nom de la Constitution et de la civilisation chrétienne. Les 150 sociétés nationalisées seront rendues au secteur privé. Le 26 juin 1974, Pinochet est devenu «chef suprême de la nation».

Le président des Etats-Unis, Gerald Ford lui-même, a admis en 1974 la participation de la C.I.A. dans l'affaire chilienne.

En Amérique latine, au cours du dernier quart de siècle, le mot «libération» sera sur toutes les lèvres. Chaque pays choisira son propre chemin. L'Argentine pensait avoir trouvé le sien en la personne du général Peron qui, après dix-huit ans d'exil, fut de nouveau appelé à la présidence de la République, par 62% du corps électoral; ces voix avaient été fournies par le mouvement justicialiste, de composition assez hétérogène (23.IX.1973). Maria Estela Martinez de Peron, «Isabelita», nommée vice-présidente par son mari, lui a succédé à la tête de l'Etat et des forces armées à sa mort, le 1er juillet 1974. Panama, qui est parvenu à attirer l'attention du Conseil de Sécurité sur le canal et la situation créée par la présence des Etats-Unis, fait montre, tout comme l'Equateur, de positions assez proches de

celles des militaires péruviens. Pour beaucoup, la libération ne peut être obtenue que par les armes; et la guérilla, qui se concentre maintenant dans les zones urbaines, monte des actions spectaculaires (*tupamaros, montoneros* et autres armées populaires, révolutionnaires et de libération). La guérilla rurale est pratiquement morte. L'extrême-droite, avec ses propres organisations, collabore souvent avec la police et les experts de la lutte anti-subversive venus des Etats-Unis. Au Paraguay, où le dirigisme subsiste, le général Stroessner, qui assume la présidence depuis 1954, incarne les vertus nationales. Les coups d'Etat se succèdent périodiquement en Bolivie qui, en 1970 et 1971, a connu quelques mois de politique réformiste. Certains régimes préfèrent accepter de dépendre de l'extérieur. Au Brésil, notamment, à partir de 1954, le pouvoir sera uniquement détenu par des généraux et des amiraux qui, par une politique adéquate, sauront attirer les investisseurs étrangers. Le Venezuela s'est insurgé contre les profits des grandes compagnies pétrolières américaines et a pratiquement doublé les prix de son pétrole à fin 1973. Des pays qui connurent la richesse, comme l'Argentine et l'Uruguay, traversent actuellement une grave crise. L'Eglise, alliée traditionnelle des puissants, partage maintenant les aspirations populaires. D'une façon générale, le sous-continent prend conscience du fait que l'aide de son puissant voisin du nord n'est pas toujours désintéressée. Les nations dénoncent le fonctionnement d'une O.E.A. qui permet à Washington de jouer un rôle dominant dans cette région. Progressivement, les relations avec Cuba se rétablissent sans l'accord préalable des Etats-Unis.

La révolte des damnés de la terre

Au cours de la Deuxième Guerre mondiale, deux millions et demi de soldats indiens combattirent sous pavillon britannique. Des Marocains, des Algériens, des Sénégalais luttèrent aux côtés des Français libres regroupés en Afrique. La guerre mit

*A gauche: l'évêque brésilien Don Helder Camara,
principal représentant d'une tendance critique
de l'Eglise latino-américaine.
Ci-contre: un officier indien fait prisonnier
par les troupes pakistanaises au cours
du dernier conflit.*

en cause dans l'esprit des colonisés la suprématie des anciennes «puissances». De Gaulle, dans son discours de Brazzaville, en 1942, parle déjà de rapports différents entre l'Afrique et l'Europe. Les peuples d'Afrique et d'Asie prirent conscience de leur volonté de se gouverner eux-mêmes, d'administrer leurs propres richesses, d'être maîtres de leur destin et de vaincre par leurs propres moyens l'analphabétisme, la faim et la maladie, maux qui leur sont communs et que les administrations coloniales n'avaient pu vaincre. Seuls Ho Chi-Minh et Sukarno sauront profiter de la chance que leur offrit la fin de la guerre pour proclamer l'indépendance du Viet-Nam et de l'Indonésie. Tous deux, rompus aux luttes de libération, prirent les devants et proclamèrent le droit de leurs peuples à disposer d'eux-mêmes.

Les métropoles, après une première phase de raidissement, accéderont à diverses formules d'autonomie administrative qui seront considérées comme insuffisantes par les peuples afro-asiatiques. Mais elles se refuseront absolument à leur octroyer l'indépendance. Par la suite, devant le fait accompli, elles soutiendront les indigènes fidèles; elles diviseront des territoires, fomenteront des haines tribales et des luttes religieuses afin de maintenir leur domination territoriale ou, plus tard, de préserver leurs intérêts économiques.

La Grande-Bretagne détachera le Pakis-

tan de l'Inde et les fera accéder tous deux à l'indépendance le 15 août 1947, dans le cadre du Commonwealth. Quelques mois plus tard, cette séparation poussera un extrémiste indien à assassiner l'apôtre du pacifisme et père de l'indépendance, le Mahatma Gandhi (30.1.1948). Les conflits armés qui éclatèrent entre les deux pays (1957, 1965 et 1971) allaient démontrer qu'une division s'inspirant de croyances religieuses aggrave le .problème parce qu'elle crée des frontières arbitraires qui sèment la discorde.

L'Occident a tenté toutes les manœuvres possibles pour retarder son retrait des territoires coloniaux. Des leaders, qui jouissaient d'une certaine autorité morale sur leur peuple, seront écartés. Ces hommes, qui sortaient pour la plupart des universités métropolitaines, ont été poussés à la lutte alors qu'ils auraient pu être les artisans d'une politique d'intégration. Au Maroc, le

A gauche: des masses fanatisées contre leurs ennemis supposés, chose courante dans le Tiers monde. En bas: des prisonniers passés par les armes lors du conflit indo-pakistanais. Ci-contre: Habib Bourguiba, le président tunisien, au cours d'un voyage en Espagne.

sultan Mohammed V, animé de sentiments nationalistes, sera exilé pendant deux ans à Madagascar, jusqu'à ce que la pression de l'opinion publique oblige la France à le remettre sur le trône et à reconnaître bientôt l'indépendance du pays (2.III.1956).

Habib Bourguiba se battait depuis vingt-deux ans à la tête d'un parti, le Destour, lorsque, en 1956, la France reconnut les droits de la Tunisie à l'indépendance. Bourguiba sortit pratiquement de prison pour assumer la direction du gouvernement. Moins d'un an après, il déposa le bey et fut élu président — charge qu'il exerce encore de nos jours après des réélections successives. Le chemin de Kwame Nkrumah, au Ghana, devait être parallèle à celui de Bourguiba. En sortant de prison, ce chef charismatique devint le premier ministre d'un gouvernement autonome à la suite de l'écrasante victoire que remporta le Parti de la convention du peuple; il obtint pour sa patrie l'honneur d'être le premier pays noir à proclamer son indépendance (6.IV.1957). Le Ghana deviendra une République en

1960. Mais le maître indiscuté du Ghana, le leader de l'extrémisme africain, sera déposé par un coup d'Etat alors qu'il était en visite à Pékin (24.II.1966).

La Conférence de Bandoeng

Les représentants de vingt-neuf Etats d'Asie et d'Afrique se réunirent à Bandoeng entre les 18 et 25 avril 1955 à l'appel de l'Indonésie, de l'Inde, de Ceylan, du Pakistan et de la Birmanie — tous libérés de la tutelle coloniale. Ils étaient décidés à faire valoir une nouvelle stratégie commune dans un monde qui se présentait toujours plus clairement comme une rivalité d'intérêts

Notre unité procède d'un esclavage commun envers l'Occident et d'une haine commune du colonialisme, quel que soit le visage qu'il présente, sous ses vieilles formes ou avec des atours modernes.

SUKARNO
(17 avril 1955. Conférence de Bandoeng.)

contre les grands blocs. Ils représentaient 1,5 milliard d'êtres humains ne bénéficiant que de 8% du revenu mondial. Cette humanité de couleur, dans la perspective d'aujourd'hui, offrait une grande hétérogénéité. La Chine était représentée par son premier ministre Chou En-laï; on y remarquait encore le Viet-Nam de Ho Chi-Minh et celui de Ngo Dinh Diem; les Philippines, inféodées aux Etats-Unis depuis la guerre hispano-américaine de 1898; le Japon, qui allait rapidement connaître une expansion économique sans pareille; la Turquie, l'Iran et l'Irak, sur le point de conclure des accords défensifs avec la Grande-Bretagne; le Ghana, qui portait encore le nom de Côte-de-l'Or et qui se trouvait très près de l'indépendance; ainsi que les seuls Etats souverains d'Afrique: l'Egypte, l'Ethiopie, le Liberia et le Soudan...

L'assemblée, qui concrétisa la notion de Tiers monde, élabora un document dans lequel étaient condamnés le colonialisme, la discrimination raciale et la course aux armements. Le point 6 de la déclaration finale demandait «l'abstention de toute participation à des accords de défense collective ser-vant les intérêts d'une grande puissance». Dans un monde divisé par la guerre froide, les peuples d'Asie et d'Afrique proclamaient leur neutralité au sein de systèmes sociaux qui apparaissaient comme antagoniques et leur volonté de se tenir à l'écart de différends étrangers à leurs intérêts.

La doctrine de Bandoeng, credo politique des peuples chrétiens ou islamiques d'Afrique, s'étendit à tous les territoires coloniaux. Nasser, Sukarno, Nehru et Nkrumah servaient d'exemples à une nouvelle génération de chefs d'Etat. L'année 1960 fut celle des changements en Afrique. Dix-sept pays accédèrent à l'indépendance: le Cameroun, le Congo-Brazzaville, le Congo-Léopoldville, le Gabon, le Tchad, la République Centrafricaine, le Togo, la Côte-d'Ivoire, le Dahomey, la Haute-Volta, le Niger, le Nigeria, le Sénégal, le Mali, Madagascar, la Somalie et la Mauritanie. Mais ceux-ci savaient qu'il existe un néo-colonialisme. L'indépendance politique ne suffisait plus. La disposition totale des ressources naturelles était aussi importante. Le 26 juillet 1956, Nasser annonçait la nationalisation du canal de Suez.

> *Il faut trouver un moyen pour faire dégorger à Nasser tout ce qu'il prétend avaler.*
> JOHN F. DULLES
> (A Eden, le 1er août 1956.)

Deux leaders du Tiers monde :
Nehru et Nasser, représentants influents de
deux continents, l'Asie et l'Afrique,
qui commencent à s'éveiller.

La guerre d'Algérie

En Algérie, le colonialisme s'obstinera et la décolonisation sera sanglante. La France essaiera de faire assimiler son genre de vie à la population autochtone. Au lendemain de la guerre, la révolte éclata brutalement à Sétif (mai 1945). Elle fut sévèrement réprimée. La création, en 1947, d'une Assemblée algérienne formée de deux collèges égaux représentant les citoyens français et les autres mécontentera l'U.D.M.A. de Ferhat Abbas comme le M.T.L.D. de Messali Hadj.

L'extrémisme algérien se lança dans la lutte le 1er novembre 1954, au moment où rentrait d'Indochine une armée nerveuse, complexée par la défaite de Dien-Bien-Phu. La lutte avec le F.L.N. algérien sera cruelle. Au terrorisme désespéré des fellagha répondra le terrorisme calculé de l'armée. La guerre d'Algérie parviendra même à jeter les modérés dans l'intransigeance. Ferhat Abbas qui, en 1946, ne demandait rien d'autre que l'intégration totale des Algériens à la vie française, présidera en 1958 le nouveau Gouvernement provisoire de la République algérienne, dont le siège était au Caire. A cette époque déjà, l'O.N.U. réclamait une solution au conflit, car la présence de 500 000 soldats français n'avait pu pacifier le pays. Le corps des officiers d'Algérie conspira contre Paris; la IVe République agonisait et de Gaulle qui, le 13 mai 1958, s'était déclaré «prêt à assumer les pouvoirs de la République», lui portera le coup fatal. A la tête d'une Ve République qu'il s'est constituée à sa mesure, de Gaulle apparaîtra en Algérie devant une foule criant: «Algérie française» — cause à laquelle il ne croit déjà plus. Le réalisme du Général, tenu par les Européens d'Afrique du Nord pour une trahison, poussera les activistes de droite à mettre sur pied une Organisation de l'armée secrète regroupant plusieurs généraux autour de Salan. De Gaulle lui-même devait échapper à un attentat préparé par l'O.A.S. Cette époque marque les derniers soubresauts du colonialisme. Le million de Français «pieds noirs» se sentait véritablement algérien et cela explique en partie les hésitations des divers gouvernements métropolitains. La France a espéré aussi conserver les réserves de pétrole qu'elle avait découvertes au Sahara. Sur le plan militaire, l'armée française l'emportait alors que, politiquement, la situation était sans issue. En février 1962, à Evian, Algériens et Français allaient s'asseoir à la table de négociations et, le 3 juillet, l'Algérie proclama son indépendance, après une guerre qui, en huit ans, avait fait des milliers de victimes dans la population civile. Ahmed Ben Bella sortit des prisons françaises pour occuper la présidence d'une République qui affirmait son intention de

mettre en place un modèle original de révolution. En juin 1965, il fut écarté du pouvoir par le colonel Boumedienne. En 1971, l'Algérie nationalisait les hydrocarbures et promulguait la réforme agraire.

Le Congo, un enjeu d'intérêts

Certains ont prétendu que la Belgique avait fait preuve de générosité en émancipant le Congo après l'avoir mis très efficacement en valeur (30.VI.1960). Une analyse critique pourrait cependant démontrer que la colonisation des Belges avait échoué, car toute vie politique et syndicale autochtone était exclue et les Congolais n'avaient accès ni à l'enseignement supérieur ni aux

A gauche : un village algérien de l'intérieur.
Ci-dessous : des soldats français déchargent
un train de matériel qui vient d'arriver
de la métropole.

postes de responsabilité dans l'administration. D'autres ont accusé la Belgique d'avoir été seule responsable du conflit congolais. Jusqu'à l'extrême limite, la Belgique a administré ses intérêts économiques dans cette colonie aux énormes richesses naturelles. Le roi Baudoin avait fait procéder à un simulacre de transmission des pouvoirs que l'Union minière du Haut-Katanga, société multinationale dont le siège se trouvait à Bruxelles, n'était pas disposée à accepter.

Quelques jours seulement après la cérémonie, les Baluba (Bakongo) du président Kasavubu s'affrontaient aux Lulua (Batela) du chef du nouveau gouvernement, Patrice Lumumba. Ce dénouement avait été voulu par le colonisateur qui avait laissé tous ses officiers dans la nouvelle armée congolaise. En quelques heures, les militaires furent expulsés; les parachutistes belges arrivèrent et les relations avec Bruxelles furent rompues. Beaucoup de sang avait déjà été versé de part et d'autre. Le 9 juillet, par l'intermédiaire du Conseil régional du Katanga, Moïse Tschombé annonça que cette jeune République allait se retirer du territoire afin de s'associer à nouveau avec Bruxelles. Tandis que Kasavubu en appelait aux troupes belges pour qu'elles coupent toute tentative de sécession que seule leur présence pourrait empêcher, Lumumba s'adressa aux Nations Unies. Les soldats belges demeureront au Katanga, qu'il n'abandonneront qu'après la médiation personnelle du secrétaire général des Nations

Unies, Hammarskjöld. Les troupes de l'O.N.U. resteront au côté du gouvernement central dont Lumumba sera écarté après un coup d'Etat du colonel Mobutu, appuyé par le président Kasavubu. A partir de septembre, Lumumba fuit aussi bien les casques bleus de l'O.N.U. que les soldats congolais. L'un de ses compagnons, Gizenga, a constitué à Stanleyville un gouvernement qui est reconnu par l'U.R.S.S. Tandis qu'il tente de gagner la zone contrôlée par ses partisans, Lumumba est fait prisonnier par l'armée congolaise. Sa mort sera annoncée, le 13 février 1961, par les mercenaires du Katanga auxquels il avait été livré pour complaire à Tschombé, avec qui Mobutu essayait de négocier. Le Congo entre de plain-pied dans le règne de la confusion. La scission de la République sera proclamée au Kasaï — où se trouvent les mines de diamant — et le leader Albert Kalonji se sacrera roi d'une nouvelle dynastie. Le Katanga recevra l'aide de l'Union minière, de sociétés américaines et belges, des Blancs de Rhodésie et des Portugais de l'Angola. Tschombé recrutera une armée de mercenaires. Le sécrétaire général de l'O.N.U., Hammarskjöld trouvera la mort alors qu'il se rendait une fois de plus au Congo pour y exercer son rôle de pacificateur (1.IX.1961). Les rivalités économiques plongèrent le Congo dans un bain de sang, les trois armées pillant, violant et mutilant leurs prisonniers. Finalement, Tschombé capitulera et reconnaîtra l'autorité du gouvernement central en décembre 1962. A ce moment, le nouveau secrétaire général de l'O.N.U., U Thant, s'attaqua énergiquement au problème et les groupes financiers internationaux, grâce au poids décisif des

Joseph Mobutu, président du Zaïre, à sa sortie de l'Elysée après la réception du président Pompidou. Kasavubu, premier président du Congo (qui deviendra par la suite le Zaïre), au cours de la cérémonie de proclamation de l'indépendance, le 30 juin 1960.

Les «commandos de la mort», au cours de la guerre du Congo — un conflit fratricide suscité par des intérêts étrangers aux Africains.

intérêts américains, parvinrent à un accord avec le gouvernement de Léopoldville sur l'avenir des exploitations du Katanga. Tschombé se réfugiera à Madrid, d'où il sera rappelé en 1964 par le président Kasavubu pour que, à la tête du gouvernement central, il réprime le soulèvement des Simba. Les troupes de l'O.N.U., que personne ne voulait plus financer, avaient abandonné le terrain. Tschombé aura de nouveau recours aux services des mercenaires et la violence réapparut sur tout le territoire. Tschombé sera destitué sous l'accusation d'avoir une nouvelle fois tenté de diviser le pays. Le prestige du général Mobutu sortira renforcé de la lutte, ce qui lui permettra de déposer Kasavubu en 1965, pour se proclamer, du même coup, président de la République. S'inspirant de sources autochtones, il donnera encore à son pays le nom de Zaïre. En 1967, l'avion particulier de Tschombé, qui se rendait aux îles Baléares, est détourné sur Alger. Le leader scissionniste sera arrêté. On accusa même la C.I.A. de l'avoir séquestré, car ses mercenaires, grassement payés, poursuivaient le combat en territoire congolais, de sorte que Tschombé constituait un obstacle à la politique d'entente avec Mobutu. Tschombé ne sera pas livré aux autorités congolaises qui l'avaient condamné à mort en 1966. Il mourra dans une prison algérienne en juin 1969.

Les difficiles débuts de l'indépendance

Les peuples qui venaient d'accéder à l'indépendance découvrirent avec le Congo que les principaux problèmes surgissaient après le départ des gouvernements et des hauts-commissaires coloniaux. La présence d'une forme évoluée de colonialisme s'était faite plus discrète. Au Nigeria, les intérêts économiques sont venus se greffer sur les luttes d'influence entre les différentes ethnies. Le coup d'Etat des officiers Ibo entraîna la réaction du Nord (1966) et les premiers massacres. Le 28 mai 1967, la division du Nigeria en douze Etats retira les bénéfices de l'exploitation pétrolière aux Ibo. Ojukwu, à leur tête, proclama l'indépendance du Biafra. Cette guerre civile durera trois ans, jusqu'en janvier 1970. Elle fera périr un million de personnes, la plupart affamées par le blocus des provinces. L'aide humanitaire apportée par certaines organisations ne fera pas oublier l'intervention des grandes puissances et la rivalité des

intérêts pétroliers. Certes, le colonialisme traditionnel, qui prône les avantages de la domination militaire pour les autochtones, n'était plus appliqué que par le Portugal en Guinée, au Mozambique et en Angola. Mais le nouvel impérialisme économique restait puissant en Afrique et en Asie. Depuis Bandoeng, la ségrégation raciale fut maintes fois condamnée car elle avait été institutionalisée en Afrique du Sud et en Rhodésie lorsque la minorité blanche proclama unilatéralement l'indépendance en 1965. L'autorité des Nations Unies sera bafouée dans le cas des colonies portugaises jusqu'en 1974, de la République Sud-africaine qui se veut raciste et qui occupe le territoire de la Namibie, et de la Rhodésie qui s'est déclarée indépendante en 1965. Ce seront les trois grands points de convergence des hommes politiques de couleur, souvent confrontés, par ailleurs, aux problèmes hérités des colonisateurs. Des frontières artificielles opposeront l'Ouganda à la Tanzanie et l'Inde au Pakistan dont les différends feront naître un troisième Etat

A gauche: des soldats de la guérilla angolaise dans un village.
Ci-dessous: le leader du mouvement pour l'indépendance de la Guinée-Bissau, Amilcar Cabral, assassiné en 1973.

qui portera le nom de Bangla Desh (17.IV.1971). Les coups d'Etat se multiplieront, ne faisant qu'aggraver la situation; on en enregistra vingt-trois entre 1962 et 1972. Des dirigeants progressistes tomberont, comme Modibo Keïta, au Mali (novembre 1968), ou comme Milton Obote, en Ouganda, remplacé par le pittoresque et belliqueux général Idi Amin (25.I.1971). Réels ou fictifs, les complots qui seront découverts permettront aux hommes d'Etat de se débarrasser de leurs opposants. En Guinée, Séku Turé dénoncera de mystérieux débarquements organisés par l'Allemagne fédérale, les Etats-Unis et le Portugal! L'Afrique est le continent qui dénombrera le plus de militaires au pouvoir. Ils y gouverneront avec dureté et les ennemis du régime seront poursuivis jusque dans l'exil. La France sera obligée de condamner par contumace le général Oufkir, ministre de l'Intérieur marocain, pour avoir participé à l'assassinat à Paris du leader de l'opposition Ben Barka (29.X.1965). Par la suite, Oufkir lui-même conspirera contre le roi, à deux reprises (1971 et 1973). Ce sera tout au moins la version officielle des faits après la mort de l'ancien homme fort du régime de Hassan. Le nom du Portugal sera mêlé à l'assassinat du chef du mouvement d'indépendance de la Guinée et du Cap-Vert, Amilcar Cabral (20.I.1973). Le pouvoir traditionnel se trouvera confronté à de nouvelles formes de gouvernement, comme dans le cas du Yémen, où aura lieu une longue guerre financée par des régimes respectivement partisans du féodalisme et de la république. Des monarchies tomberont, telles celles de Libye (1969), où le colonel Kadhafi donnera une teinte républicaine au Coran, et de l'Ethiopie (1974). L'opulence des rois du pétrole, aux richesses souvent mal utilisées, contrastera avec la misère de nombreux peuples dont le revenu annuel moyen n'atteint même pas 200 dollars. Au cours des conférences internationales sur le sous-développement, l'on cessera de solliciter pour protester contre les prix trop bas que paient les pays développés pour leurs matières premières. Celles-ci, à la suite du pétrole, verront leurs cours augmenter en 1974. A la chute de Sukarno en 1966, l'on assistera à de violentes sanctions contre tout individu soupçonné d'être communiste, au moment précis où l'Indonésie s'inscrivait dans la sphère d'influence des Etats-Unis. Les grandes puissances ne cesseront de se disputer la mainmise sur ces pays. La République populaire de Chine jouera un rôle déterminant à la Conférence de Bandoeng, et son influence tendra à s'accroître, son opposition avec les deux superpuissances et le succès de sa lutte contre la faim lui ayant conféré une certaine autorité morale.

Israël : de l'anticolonialisme au colonialisme

Entre la fin de la Seconde Guerre mondiale et le 14 mai 1948, la population juive

de Palestine mènera un combat typiquement anticolonial contre une puissance étrangère, la Grande-Bretagne, à laquelle la Société des Nations, en 1922, avait donné mandat sur cette partie de l'ex-Empire ottoman. Cependant, il existait sur ce territoire une population arabe, supérieure en nombre à la population israélite. Les juifs résidant en Palestine, qui au cours de la guerre avaient combattu aux côtés des Alliés, avaient déjà eu l'occasion de s'affronter aux Arabes, dont certains responsables, comme le Grand Mufti de Jérusalem, ne cachaient pas leur sympathie pour l'Axe. En principe, la cause arabe n'avait aucun dessein nationaliste; elle montrait seulement une certaine inquiétude devant le pouvoir économique juif sans cesse croissant, animé par une minorité de propriétaires fonciers. Les efforts des sionistes avaient toute la sympathie des mouvements progressistes du monde alors que, entourés de monarchies féodales, ils s'opposaient à l'armée britannique. En 1946, Ho Chi-Minh, alors qu'il négociait à Paris l'intégration du territoire vietnamien, rencontra même David Ben Gourion, le directeur de l'Agence juive. Seuls l'intransigeance des juifs et l'aveuglement des gouvernements arabes, ajouté au jeu d'intérêts des grandes puissances dans la région (qui devait pousser l'Etat hébreu à se lier de plus en plus aux Etats-Unis), fera qu'Israël apparaîtra aux yeux de ses voisins comme une puissance colonialiste.

Sous le mandat britannique, les juifs disposaient de puissantes organisations paramilitaires (Irgoun, Stern et Haganah), d'un gouvernement parallèle (l'Agence juive) et d'une importante aide économique provenant de la Diaspora. La Grande-Bretagne tenta de freiner le mécontentement croissant des Arabes en empêchant l'arrivée des bateaux d'immigrants qui venaient toujours plus nombreux de l'Europe libérée, où les survivants des camps d'extermination n'avaient d'autre idéal que le futur Etat d'Israël. Londres porta le cas de la Palestine devant les Nations Unies qui, en 1947, recommandèrent le partage du territoire. Quelques heures avant l'expiration du mandat britannique, Ben Gourion proclamera l'indépendance d'Israël (14.v.1948). Il y avait alors en Palestine 800000 juifs qui durent affronter les armées d'Egypte, de Jordanie, d'Arabie Saoudite, d'Irak, du Liban et de la Syrie. Près d'un million de Palestiniens prirent le chemin de l'exil avec l'espoir de revenir en vainqueurs. Les lignes du front furent transformées en frontières lorsque les Nations Unies imposèrent l'armistice, après l'assassinat par des extrémistes juifs de leur négociateur, le comte Bernadotte. Pendant dix-neuf ans, Jérusalem allait être une ville divisée.

La guerre avec Israël mit à nu la corruption régnant dans les pays arabes. Farouk, coupable de malversations, fut déposé en juillet 1952 et, en 1954, l'Egypte devenait une République sous l'autorité de Nasser. L'on commençait à parler d'un socialisme arabe parmi les officiers égyptiens. Nasser ordonnera l'évacuation des troupes britanniques et, au cours du même mois de juillet 1956, il nationalisera le canal du Suez, dont la majorité des actions se trouvait entre les mains des Britanniques et des Français. Londres et Paris envoyèrent un corps expéditionnaire (29.x.1956) pour protéger leurs biens en Egypte. Israël se joignit à eux afin de défendre son droit de passage sur le canal. C'est l'époque de l'insurrection de Budapest. Les Etats-Unis, qui se souciaient peu des intérêts franco-britanniques, désapprouvèrent l'opération. Les soldats se retirèrent et Israël dut abandonner le Sinaï où demeurèrent des soldats de l'O.N.U. C'est à ce moment-là que Nasser proclama le futur grand empire islamique, allant de l'Indonésie à l'Atlantique, et dont la première phase serait la République arabe unie, constituée par la fusion de l'Egypte et de la Syrie. Les monarchies chancelantes de Jordanie et d'Irak formèrent l'Union arabe qui se désintégrera au cours de la même année (1958) à la suite du coup d'Etat et de l'assassinat du souverain irakien. Toujours en 1958, l'U.R.S.S. s'engagea à financer le gigantesque barrage d'Assouan, auquel Foster

Dulles refusa toute contribution américaine. Ce sera l'époque des phrases épouvantables et des menaces apocalyptiques de Nasser contre Israël, qui se rapprochera de plus en plus des Etats-Unis.

De la prostration à la révolte désespérée

La mystique sioniste perdit des partisans en Israël au cours des onze années qui vont de 1956 à 1967. Dans le même temps, les réfugiés palestiniens commencèrent à s'agiter. Des groupes entiers ne se contentaient plus de croupir dans leurs camps, mais en venaient à harceler la population. C'est alors que Nasser, réarmé par l'U.R.S.S., décida la fermeture du détroit de Tiran et demanda le retrait des Casques bleus de Suez. Au matin du 5 juin 1967, Israël, se sentant menacé, lança une attaque éclair et détruisit en quelques heures les aviations égyptienne, syrienne et jordanienne. La guerre dura six jours. Israël occupa le Sinaï, la Cisjordanie, à l'ouest du Jourdain, et les collines du Golan, en Syrie. La ville de Jérusalem fut réunifiée. Le 22 novembre, le Conseil de Sécurité approuva une résolution exigeant le retrait des territoires occupés. Le droit de l'Etat juif à l'existence fut reconnu, mais on enjoignit à Israël de résoudre le problème palestinien.

Le Suédois Gunnar Jarring deviendra le médiateur d'une paix impossible à rétablir. Il obtiendra, finalement, une trêve précaire.

Les pays arabes perdirent alors l'initiative de la lutte, et certains, même, tels l'Arabie Saoudite féodale ou l'opulent Koweït, se contentèrent de verser de l'argent à la cause palestinienne. Seuls les Palestiniens s'engageront dans la guérilla, soit dans les rangs du Fatah, majoritaire et modéré quant à son programme sur l'avenir de la Palestine, soit aux côtés des organisations extrémistes, attachées, elles, à une révolution sociale. Israël veillera à ce que les pays voisins, qui ne cessaient de craindre ses représailles, mènent à bien la répression antiguérilla. Et, en septembre 1970, l'armée jordanienne entrera en guerre ouverte contre les feddayin.

Ce mois de septembre sera désormais lié au terrorisme et à la violence. «Septembre noir», l'une des puissantes organisations palestiniennes, enverra notamment un com-

Le président Nasser, qui aspirait à l'union de l'ensemble du monde islamique,
au cours d'un de ses discours.
Ci-dessous: le canal de Suez (fermé depuis le conflit israélo-arabe de 1967),
lors d'une opération peu fréquente: l'échange des morts.

mando aux Jeux Olympiques de Munich, qui périt avec ses otages israéliens au cours de l'attaque de la police allemande. A la violence suicidaire des commandos palestiniens, Israël opposera la vengeance froide et calculée de son état-major.

La guerre du Kippour éclata le 5 octobre 1973. Israël, d'abord surpris, dut faire face à la coalition de ses voisins sur le canal de Suez et sur les hauteurs du Golan (Syrie). Les combats cessèrent le 24 octobre après l'encerclement de la 3e armée égyptienne. Les pays arabes décidèrent très vite d'employer l'«arme du pétrole»: nationalisations en Irak, décision de l'O.P.A.E.P. de fermer progressivement le robinet si Israël n'évacuait pas les territoires occupés (17 octobre), embargo dirigé vers les Etats-

Unis et la Hollande (4 novembre). Après l'accord du «Km 101», le 11 novembre, une Conférence sur la paix au Proche-Orient est convoquée à Genève (21 décembre).

Les années de silence

1973 et 1974 ont vu poindre un monde où les tensions commençaient à disparaître. La Chine, acceptée dans le concert détonnant des nations, a cessé de jouer le rôle d'agresseur qu'on lui avait attribué pendant un quart de siècle avec le prétendu «péril jaune». Les deux Allemagnes servirent longtemps de pions aux superpuissances sur l'échiquier mondial; elles occuperont des sièges voisins aux Nations Unies. Les Etats-

*Des blindés de l'armée israélienne
dans le désert du Sinaï, pendant la « guerre
des Six Jours ».
Ci-dessous : un camp de réfugiés palestiniens.*

Unis et l'U.R.S.S., qui ont cessé de déclarer leurs systèmes politiques incompatibles, passeront des accords de coopération qu'on aurait cru impossibles quelques années plus tôt ; dans le même temps, les deux puissances renoncent au chantage nucléaire — tout au moins entre elles. L'économie mondiale subit en 1974 le contrecoup de la crise du pétrole ; les pays sous-développés sans pétrole voient leur situation empirer ; les

pays industrialisés constatent la fragilité de leurs équilibres économiques. L'Europe recherche péniblement une unité remise en cause par sa dépendance énergétique et la faiblesse économique de certains de ses membres, la Grande-Bretagne et l'Italie notamment. Le Viet-Nam se trouve encore loin de la paix, mais les Vietnamiens peuvent maintenant résoudre les problèmes qui les divisent sans l'aide de «protecteurs».

Au Moyen-Orient, le conflit est toujours latent. Les pays arabes, la France, l'O.N.U. ont fait une place à l'O.L.P. de Yasser Arafat qui a pu exposer sa position aux Nations Unies le 13 novembre 1974: il s'agit de reconnaître aux Palestiniens le droit à un territoire, à une patrie.

Le Portugal a pris un brusque virage à gauche avec le renversement du gouvernement Caetano par une junte dirigée par les généraux de Spinola et Costa Gomes (25 avril 1974); l'«Etat nouveau» de Salazar durait depuis plus de quarante ans. Le général de Spinola devait démissionner le 1er septembre sous la pression de la gauche. Le processus de décolonisation des territoires d'outre-mer a commencé par la Guinée-Bissau. Le Mozambique et l'Angola présentent une situation plus délicate et plus confuse.

La décolonisation en Afrique se poursuit donc, sauf en Afrique du Sud et en Rhodésie, pays où la minorité blanche prend conscience de la difficulté de maintenir sa domination à moyen ou à long terme.

L'histoire de ces années a été écrite par les Etats-Unis et l'U.R.S.S. Elle répercute leurs décisions, leurs inhibitions et leurs menaces. Décidés à poursuivre, maintenant ensemble, dans cette voie, ils passent des accords sans consulter le reste de l'humanité. Si l'Europe peut imposer ses conditions au plan économique, elle restera, par contre, incapable de s'affirmer politique-

Deux scènes des affrontements continuels qui ont lieu entre les partis politiques de l'Ulster. Ci-dessous: le président des Etats-Unis en Chine. Les conversations Nixon-Mao symbolisent l'entente des Grands.

ment tant qu'elle ne saura pas renoncer au bouclier nucléaire américain. L'U.R.S.S. s'est orientée sur le chemin du bien-être matériel; elle s'entend aujourd'hui assez bien avec les Etats-Unis, qui perçoivent tout l'intérêt que peuvent aussi représenter

pour eux les fabuleuses réserves énergétiques du sous-sol soviétique.

Les peuples pensent qu'ils ne risquent plus de disparaître à la suite d'une hécatombe nucléaire; mais ils n'ignorent pas non plus que de l'entente des grands peuvent surgir de criantes injustices pour les petits. La Chine aspire à modifier un ordre imposé au monde entier par l'entente des deux superpuissances. Elle attire les peuples du Tiers monde qui ont aussi l'intention de marquer de leur empreinte le cours de l'histoire des prochaines années. Peut-être l'avenir leur réserve-t-il un rôle décisif, mais ce ne pourra être qu'à long terme. Pour l'instant, leurs expériences ne portent pas les fruits que l'on avait cru voir en elles au début des années soixante. L'apparition de nouvelles formes de dépendance et la marge toujours plus sensible qui les sépare des pays riches assombrit les prévisions. Le prix croissant que ces pays, de jour en jour mieux organisés en groupes de pression, imposent au monde industrialisé en échange de leurs matières premières, sera la conséquence logique de leur ressentiment

face à l'exploitation dont ils furent victimes. Ce phénomène, s'il a été enrayé en Afrique, n'en est pas moins virulent dans les pays d'Amérique latine. Pourtant, il en résulte aussi de saines mesures prises afin d'économiser les ressources naturelles. Les pays développés poursuivent leur politique de menace et de représailles.

Les pays en voie de développement devront résoudre parallèlement les problèmes de la population, de l'agriculture et du développement industriel au prix de lourds sacrifices s'ils veulent échapper à un appauvrissement croissant. Ils ne pourront guère compter sur l'emploi des nouvelles variétés de blé qui ont fait naître l'espoir d'une «révolution verte». Il faut, pour les cultiver efficacement, disposer d'une population évoluée et de moyens techniques qu'ils ne sont pas en mesure d'importer. Les rendements accrus offerts par ces semences augmenteront les excédents en céréales des pays déjà riches. Ceux-ci devront accepter et faciliter le développement industriel du Tiers monde et importer ses productions pour lui procurer les moyens indispensables à ses échanges. Ils devraient progressivement renoncer à transformer en Europe, en Amérique du Nord ou au Japon des matières premières en provenance des autres parties du monde. Cela supposera un effort non seulement financier, mais aussi une meilleure transmission du savoir-faire des pays occidentaux et un abandon de l'excessive spécialisation des productions des pays sous-développés.

Ce monde qui connaît la détente est encore loin de l'idéal de justice et de celui de liberté que des modèles politiques successifs, élaborés de toutes parts, tentent de rendre compatibles. Déçue dans son attente, la moitié de l'humanité s'est aujourd'hui réfugiée dans l'indifférence et la consommation. Les leaders des pays industrialisés recherchent sans succès un idéal ou un objectif commun au plus grand nombre. Les luttes idéologiques cèdent le pas à une *pax mercatoria*, à l'établissement d'échanges toujours plus complexes et fragiles à l'échelle mondiale. Le choc du futur, l'explosion démographique, la prise de conscience des multiples interdépendances

Un camp de réfugiés palestiniens en Jordanie.
Composés d'individus dépouillés de leurs terres et sans patrie,
les camps de réfugiés sont un terrain favorable au recrutement
des feddayin.

planétaires semblent paralyser l'imagination des responsables nationaux dont les préoccupations se situent à des niveaux infiniment éloignés les uns des autres. Dans chaque pays, une distance toujours plus grande sépare les gouvernants des gouvernés. Les hommes de la Maison-Blanche et du Kremlin arrivent à s'entendre; mais deux hommes de Manhattan n'y parviennent pas parce que leur couleur de peau est différente! Il est possible que tout ce qui fut conquis en termes de bien-être, et ce qui a progressé sur le long chemin de l'entente internationale, soit repris sous forme d'oppression. Il deviendra de plus en plus difficilement acceptable de perpétuer une situation dans laquelle le quart de l'humanité consomme les trois quarts des ressources du globe sans entraîner des sursauts de révolte de plus en plus violents chez les déshérités. Les gouvernants devront apprendre à gérer l'imprévisible et s'attendre à rencontrer constamment des situations conflictuelles complexes résultant de la diversification des activités économiques et des degrés d'évolution sociale et politique. Rassurés par le respect mutuel que se sont promis les puissants et par les accords de non-ingérence, les gouvernements des prochaines années devront surtout faire face à des tensions intérieures. Les pays qui ont essayé de mettre de l'ordre dans le monde et qui ont voulu exporter leur modèle de démocratie n'ont pas su résoudre leurs propres problèmes nationaux. Au cours des années à venir, ils auront à payer le prix d'une politique extérieure aux ambitions d'autant plus démesurées que sa portée intérieure aura été moindre.

Si la décennie 50 a été dominée par une menace permanente, les prochaines années seront lourdes de *silence*. Pour pouvoir agir de manière autonome, l'Europe devra se débarrasser de toute «protection» étrangère à ses intérêts. Il est à craindre néanmoins que, si elle parvient à trouver son identité, elle se sente attirée par le club de ceux qui ont décidé de prolonger aussi longtemps que possible leur domination sur la Terre.

Certaines voix s'élèvent dans le monde pour préconiser un rééquilibrage de l'emploi des ressources naturelles, et en particulier des ressources énergétiques et alimentaires. Mais ce processus sera très lent aux yeux des pays sous-développés, alors que les moins favorisés parmi les pays développés auront de la difficulté à accepter des sacrifices.

Il est à craindre que pendant longtemps encore les situations n'évoluent davantage sous la pression des événements que grâce à l'entente et à la générosité des intelligences politiques.

Lectures recommandées

Fetjö, F. : *Histoire des démocraties populaires* (2 vol.). Paris, 1952.

Lacouture, J. : *Ho Chi-Minh*. Paris, 1967 — *De Gaulle*. Paris, 1969.

Niedergang, M. : *Les 20 Amériques latines* (3 vol.). Paris, 1969.

Niveau M. : *Histoire des faits économiques contemporains*. Paris, 1966.

Renouvin, P. : *Histoire des relations internationales* (tome II). Paris, 1954.

Sartre, J.-P., et autres : *Le Conflit israélo-arabe*. Numéro spécial de *Les Temps modernes*. Paris, 1967.

Printed in Spain